Learn Italian For Kids

115 Captivating Stories To Get Your Children Speaking Italian Effortlessly Implementing Vocabulary, and Perfecting Your Pronunciation | Age 4-10

Giorgio Mills

Thanks to the simple narrative nuclei and situations of everyday life, this book offers the opportunity to listen to stories in Italian, designed and written for children aged 4 o 10 years.

Small stories of animals, legends about the birth of animals or natural phenomena, small narratives and descriptions taken from everyday life, fantastic and magical stories to let the imagination fly, Christmas stories.

Piccole storie per bambini da leggere o ascoltare in lingua italiana.
Grazie ai semplici nuclei narrativi e alle situazioni di vita quotidiana, questo libro offre la possibilità di ascoltare storie in lingua italiana, pensate e scritte per bambini dai 4 ai 10 anni.

Piccole storie di animali, leggende sulla nascita di animali o fenomeni naturali, piccole narrazioni e descrizioni tratte dalla vita quotidiana, storie fantastiche e magiche per far volare la fantasia, storie nataliazie.

Table of Contents

PICCOLE STORIE DI ANIMALI

SHORT STORIES OF ANIMALS

1- GLI OCCHIALI SCOMPARSI 1- THE GLASSES DISAPPEARED

Nel bosco viveva uno strano esemplare di tasso. Una sera aprì gli occhi per alzarsi dal letto perché aveva dimenticato di chiudere la finestra. Si stirò e cercò gli occhiali sul comodino. Niente da fare, non c'erano.

-Ne farò a meno-, pensò e uscì dal letto. Inciampò subito al letto, finendo a terra. Si rialzò, ma non vedendo bene, non si accorse delle sue ciabatte e inciampò finendo di nuovo a terra, ma questa volta urtò l'armadio e si trascinò addosso la sedia sulla quale erano appoggiati tutti i suoi vestiti. Povero tasso! Si disse che sarebbe riuscito ad arrivare alla finestra per chiuderla, ma questa volta diede una bella testata alla porta. Senza sapere come, si ritrovò in bagno e con una capriola finì dentro la vasca. Aveva completamente perso l'orientamento ed era pieno di bernoccoli. Decise che era il caso di chiedere aiuto per ritrovare gli occhiali, senza di essi si sentiva perso. Così, riuscì ad uscire di casa e si recò nel bosco per cercare amiche e amici. Incontrò le civette, ma non le salutò perché a lui sembravano due foche. Non salutò neppure le volpi, credendole oche sconosciute. Tutti si misero a gridare: -Il tasso è senza occhiali, dobbiamo aiutarlo a ritrovarli!

Il tasso riconobbe le voci degli amici e tirando un sospiro di sollievo disse: -Grazie, grazie mille amici miei!

In breve li trovarono e il tasso felice riuscì a rivedere i suoi amici. L' unione fa la forza!

A strange specimen of badger lived in the woods. One evening he opened his eyes to get out of bed because he had forgotten to close the window. She stretched and searched for her glasses on the bedside table. Nothing to do, there weren't.

-I'll do without it-, he thought and got out of bed. He immediately stumbled to the bed, ending up on the ground. He got up, but not seeing well, didn't notice his slippers and stumbled ending up on the ground again, but this time he hit the wardrobe and dragged the chair on which all his clothes were resting on him. Poor rate! He told himself he would be able to get to the window to close it, but this time he gave the door a good head. Without knowing how, he found himself in the bathroom and with a somersault he ended up in the tub. It had completely lost its orientation and was full of bumps. He decided it was time to ask for help to find his glasses, without them he felt lost. So, she managed to get out of the house and went into the woods to look for friends and friends. He met the owls but did not greet them because they looked like two seals to him. He did not even greet the foxes, believing them to be unknown geese. Everyone started shouting: -The badger has no glasses, we must help him find them!

The badger recognized the voices of his friends and heaving a sigh of relief said: -Thank you, thank you very much my friends!

They soon found them, and the happy badger was able to see his friends again. Unity is strength!

Nel bosco viveva uno strano esemplare di tasso.
A strange type of badger lived in the woods.
Aveva dimenticato di chiudere la finestra.
He had forgotten to close the window.
Cercò gli occhiali sul comodino.
He looked for his glasses on the bedside table.

Si disse che sarebbe riuscito ad arrivare alla finestra per chiuderla.
He told himself that he would be able to get to the window to close it.
Diede una bella testata alla porta.
He gave the door a good head.
Aveva completamente perso l'orientamento.
He had completely lost his bearings.
Si recò nel bosco.
He went into the woods.
Il tasso è senza occhiali, dobbiamo aiutarlo a ritrovarli!
The badger is without glasses, we must help him find them!
Grazie mille amici miei!
Thank you so much my friends!
L'unione fa la forza!
Unity is strength!

Bosco	Forest
Strano	Strange
Dimenticato	Forgot
Finestra	Window
Occhiali	Glasses
Comodino	Bedside table
Arrivare	To Arrive
Chiuderla	Close it
Bella	Beautiful
Porta	Door
Aveva	He Had
Perso	Lost
Orientamento	Orientation
Si recò	He went
Tasso	Rate
Senza	Without
Dobbiamo	We have to
Grazie mille	Thanks a lot
Amici	Friends
Unione	Union
Forza	Power

2- TRIFOGLIO A MERENDA 2- CLOVER SNACK

Un coniglio esce dal suo nascondiglio in cerca di una buona merenda perché è stanco delle solite foglie di trifoglio. Vede stesa sul prato una tovaglia e curioso si avvicina annusando l'aria. Quante buone cose ci sono sulla tovaglia: una ciotola di insalata, panini, frutta e bottiglie di latte. Il coniglietto è pronto a iniziare la merenda quando vede arrivare di corsa una famiglia di umani con un cane da caccia. "Bau! Bau! Bau!"
Subito il coniglio fugge pensando: -Correte zampe mie in cerca di trifoglio!
Il coniglio, preso da tanto spavento, decide di accontentarsi del trifoglio e di non avvicinarsi mai più alle tavole imbandite dagli umani.

A rabbit comes out of its hiding place looking for a good snack because it is tired of the usual clover leaves. He sees a tablecloth lying on the lawn and curiously approaches sniffing the air. How many good things are on the tablecloth: a bowl of salad, sandwiches, fruit and bottles of milk. The bunny is ready to start his snack when he sees a family of humans coming running with a hunting dog.
"Bau! Bau! Bau! ".

Immediately the rabbit runs away thinking: - Run my paws in search of clover!
The rabbit, taken by such fright, decides to be satisfied with the clover and never go near the tables set by humans again.

Un coniglio esce dal suo nascondiglio.
A rabbit comes out of its hiding place.
Quante buone cose ci sono sulla tovaglia.
How many good things are on the tablecloth.
Subito il coniglio fugge pensando: -Correte zampe mie in cerca di trifoglio!
Immediately the rabbit runs away thinking: - Run my paws in search of clover!
Il coniglio decide di accontentarsi del trifoglio.
The rabbit, decides to be satisfied with the clover.

coniglio	rabbit
nascondiglio	hiding place
merenda	snack
trifoglio	clover
una ciotola di insalata	a bowl of salad
panini	sandwiches
frutta	fruit
bottiglie di latte	bottles of milk

3- LA MAIALINA ALESSIA 3- THE PIG ALESSIA

C'era volta una maialina che si chiamava Alessia che un bel giorno, guardandosi al vecchio specchio della stalla si era trovata davvero in gran forma.
Decise di organizzare una gara di bellezza visto che i maiali e le mucche solitamente non sono considerati animali da copertina. Così, coinvolse le sue amiche maialine e le sue amiche vitelle, il cui recinto confinava con il loro.
Contrariamente a ciò che si pensa, la vittoria sarebbe andata a chi fosse stata più in carne e tonica tra tutte. Così le partecipanti iniziarono a mangiare ogni giorno cose sane, cose fresche e a fare lunghe camminate intorno alla fattoria. Due vitelle rinunciarono perché non riuscivano a camminare a lungo, tre maialine si ritirarono perché non riuscivano a consumare pasti sani, ma erano continuamente attratte da golosità. Insomma, rimase Alessia , fortemente motivata a vincere e a dimostrare che anche i maiali possono essere belli e altre due amiche. Ogni giorno passeggiavano insieme, ogni giorno si regolavano sui pasti e si incoraggiavano a vicenda a non mollare.
Venne il gran giorno e le quattro maialine si presentarono davanti al toro, giudice della gara. Effettivamente i risultati erano visibili in tutte e quattro le maialine e lui non sapeva decidersi. Così, dopo averci pensato qualche giorno, decise che la gara di bellezza era stata vinta da tutte e tre perché avevano dato corrette regole alimentari e di salute, ma un riconoscimento venne dato ad Alessia per aver avuto la brillante idea di favorire uno stile corretto di vita.
Questo concorso di bellezza insegna che la vera bellezza non sta nella magrezza, ma nell'essere in salute e in forma.

Once there was a pig named Alessia who one day, looking at the old mirror in the stable, found herself in great shape.
She decided to organize a beauty contest with pigs and cows that are usually not considered cover animals. Thus, she involved his female pig friends and cows friends, whose enclosure bordered theirs.
Contrary to popular belief, the victory would have gone to whoever was more fleshed out and toned of all. Thus the participants began to eat healthy things, fresh things every day and to take long walks around the farm. Two cows gave up because they could not walk for long, three female pigs withdrew because they could not eat healthy meals, but were continually attracted by greed. In

short, Alessia remained, strongly motivated to win and to show that even pigs can be beautiful and two other friends. Every day they walked together, every day they regulated their meals and encouraged each other not to give up.

The big day came and the four female pigs presented themselves in front of the bull, judge of the competition. Indeed, the results were visible in all four female pigs and he could not make up his mind. So, after thinking about it a few days, he decided that the beauty contest had been won by all three because they had given correct dietary and health rules, but a recognition was given to Alessia for having had the brilliant idea of favoring a correct style of life.

This beauty contest teaches that true beauty lies not in thinness, but in being healthy and fit.

C'era volta una maialina che si chiamava Alessia Once there was a pig named Alessia
Decise di organizzare una gara di bellezza She decided to organize a beauty contest.
 La vittoria sarebbe andata a chi fosse stata più in carne e tonica tra tutte.
The victory would have gone to whoever was more fleshed out and toned of all.
Così le partecipanti iniziarono a mangiare ogni giorno cose sane.
Thus the participants began to eat healthy things.
 Ogni giorno passeggiavano insieme.
Every day they walked together.
Venne il gran giorno e le quattro maialine si presentarono davanti al toro, giudice della gara.
The big day came and the four female pigs presented themselves in front of the bull, judge of the competition.
Così, dopo averci pensato qualche giorno, decise che la gara di bellezza era stata vinta da tutte e tre.
 So, after thinking about it a few days, he decided that the beauty contest had been won by all three
Un riconoscimento venne dato ad Alessia per aver avuto la brillante idea di favorire uno stile corretto di vita.
A recognition was given to Alessia for having had the brilliant idea of favoring a correct style of life.
 La vera bellezza non sta nella magrezza, ma nell'essere in salute e in forma.
True beauty lies not in thinness, but in being healthy and fit.

Vecchio specchio	old mirror
stalla	stable
gara di bellezza	beauty contest
recinto	enclosure
fattoria	farm
lunghe passeggiate	long walks
mucche	cows
essere in salute	being healthy
toro	bull
vinta	won
geniale	brilliant
vita	life
iniziarono	began
partecipanti	participants

4- I COLORI DEL GUFO 4- THE COLORS OF THE OWL

C'era una volta un gufo piccolo e triste: le sue piume erano nere, le zampette, il becco e gli occhi erano scurissimi. Chiedeva spesso alla sua mamma perché era tutto nero e lei gli rispondeva: - Mio caro, significa che la natura ti ha voluto così!

Il gufo osservava gli altri animali e si sentiva triste: le farfalle avevano le ali variopinte, le coccinelle erano rosse, le cavallette verdi, le lucciole di notte diventavano luminose. Spesso chiedeva al sole se poteva ascoltare le sue preghiere e se poteva donargli qualche colore, ma non ottenne mai una risposta.

Una sera però, al tramonto, il caldo sole decise di esaudire i desideri del gufo e regalargli due dei suoi raggi gialli: il primo si posò sul suo grosso becco, rendendolo brillante, il secondo sugli occhi grandi e rotondi.

Il gufetto ora si sentiva contento: non era più di un solo colore. Il giorno se ne andò per il bosco mostrando a tutti i regali del sole.

Once upon a time there was a small and sad owl: its feathers were black, the legs, the beak and eyes were very dark. He often asked his mother why it was all black and she replied: - My dear, it means that nature wanted you that way!

The owl observed the other animals and felt sad: the butterflies had multicolored wings, the ladybugs were red, the grasshoppers green, the fireflies at night became bright. He often asked the sun if he could hear his prayers and if he could give him some color, but he never got an answer.

But one evening, at sunset, the warm sun decided to grant the owl's wishes and give him two of its yellow rays: the first landed on its big beak, making it shiny, the second on the big and round eyes.

The little owl was now happy: it was no longer a single color. The day went into the woods showing all the gifts of the sun.

Chiedeva spesso alla sua mamma perché era tutto nero.
He often asked his mother why it was all black.
Significa che la natura ti ha voluto così!
It means that nature wanted you that way!
Il gufo osservava gli altri animali e si sentiva triste.
The owl observed the other animals and felt sad.
Le farfalle avevano le ali variopinte.
The butterflies had multicolored wings.
Non ottenne mai una risposta.
He never got an answer.
Il caldo sole decise di esaudire i desideri del gufo.
The warm sun decided to grant the owl's wishes.
The first landed on its big beak.
Il primo si posò sul suo grosso becco.
Il secondo sugli occhi grandi e rotondi.
The second on the big and round eyes.
Il gufetto ora si sentiva contento.
The little owl was now happy.

triste	sad
farfalle	butterfly
coccinelle	ladybags
cavallette	grasshoppers
lucciole	fireflies
tramonto	sunset
grosso becco	big beak
sole	sun
raggi gialli	yellow rays
occhi grandi	big eyes
felice	happy

11

5- L'AQUILA E L'AQUILONE 5- THE EAGLE AND THE KITE

C'era una volta un'aquila che volava alta nel cielo blu. Con lei avevano spiccato il loro primo volo tre aquilotti. I piccoli non avevano paura di volare perché erano insieme a mamma aquila.
Aiutati dal vento, sorvolarono pianure e montagne.
Ad un tratto videro apparire in cielo uno strano uccello con le ali blu: era un aquilone. Mamma aquila e i suoi aquilotti volarono insieme all'aquilone e la mamma spiegò loro che non si trattava di un animale, ma di un oggetto volante che usano i figli degli umani per divertirsi.
Dopo un lungo viaggio l'aquilone planò sopra il prato verde di una collina. Arrivò subito un gruppo di bambini che salutarono felici l'aquila e gli aquilotti.

Once upon a time there was an eagle that flew high in the blue sky. Three eaglets took their first flight with her. The little ones were not afraid to fly because they were with their mother eagle.
Aided by the wind, they flew over plains and mountains.
Suddenly they saw a strange bird with blue wings appear in the sky: it was a kite. Mother eagle and her eagles flew together with the kite and the mother explained to them that it was not an animal, but a flying object that the children of humans use for fun.
After a long journey, the kite glided over the green lawn of a hill. A group of children arrived immediately and happily greeted the eagle and the little eagles.

Un'aquila che volava alta nel cielo blu.
An eagle that flew high in the blue sky.
I piccoli non avevano paura di volare.
The little ones were not afraid to fly.
Sorvolarono pianure e montagne.
They flew over plains and mountains.
Ad un tratto videro apparire in cielo uno strano uccello.
Suddenly they saw a strange bird.
Mamma aquila e i suoi aquilotti volarono insieme all'aquilone. Mother eagle and her eagles flew together with the kite.
Un oggetto volante che usano i figli degli umani per divertirsi.
A flying object that the children of humans use for fun.
Dopo un lungo viaggio l'aquilone planò sopra il prato verde di una collina.
After a long journey, the kite glided over the green lawn of a hill.
Arrivò subito un gruppo di bambini.
A group of children arrived immediately.

Volava	flew
Paura	afraid
Mamma aquila	mother eagle
Sorvolarono	flew over
Montagne	mountains
Ali blu	blue wings
Aquilone	kite
Oggetto volante	flying object
Felici	happy
Cielo	sky

6- LA GALLINA CHE SI SENTIVA UN GATTO 6- THE HEN THAT FELT LIKE A CAT

In un piccolo paese di campagna viveva Nelly, un signora rimasta sola che viveva in compagnia dei suoi animali della fattoria. Nelly nella sua fattoria aveva una capretta, tre galline, una mucca pezzata, dei piccioni (difficile definire quanti, dato che gli uccelli vanno e vengono), due conigli. La aiutava a

tenere insieme la truppa il fedele Spino, un cane da caccia ormai anziano. Questa storia sembra molto ordinaria, nulla di strano fin qui, se non fosse per una delle galline. Già, la gallina Serafina aveva mostrato qualche stranezza fin dalla nascita, fin da quando era uscita dall'uovo e invece di seguire mamma chioccia, seguiva Nelly nelle sue mansioni. La seguiva ed emetteva un solo pigolio. Nelly era un po' preoccupata, pensava che avesse qualche problema di salute, ma in realtà il pulcino cresceva bene ed era diventata una bella pollastra. Le sue stranezze con il tempo si fecero continue, ma Nelly la guardava divertita senza preoccuparsene troppo: quando aveva fame la gallina si strisciava alle gambe della sua padrona accarezzando con le piume tutta la gamba. I suoi versi ora erano più lunghi, come se stesse per intonare un canto ed inoltre non c'era modo di farla dormire nel pollaio, lei stava sempre con Nelly e addirittura le si posava sulle sue gambe, sul divano e persino sul letto. Quando aveva bisogno di uscire per fare i suoi bisogni si metteva davanti alla porta di servizio e attendeva che Nelly gliela aprisse. Era un po' viziata, penserete voi, ma Nelly l'aveva sempre trattate da gallina e decise che l'indomani avrebbe parlato con il veterinario che veniva per la visita di routine a tutti gli animali.
- Sa dottore, questa gallina è un po' strana! Ha dei comportamenti davvero bizzarri!
- Cosa intende per strana?- cercò di approfondire il veterinario.
- Be', potrei dirle che si comporta come...come...come un gatto, ecco!
- Ma non dica sciocchezze, non ho mai sentito una cosa simile in tutta la mia vita!
Così, Nelly, mostrò al dottore le stranezze della gallina, che rimase stupefatto: non poteva credere ai propri occhi. Fece una proposta a Nelly:
-Ogni anno si tiene il festival degli animali eccezionali, che fanno cose inconsuete. Vorrebbe partecipare con la sua gallina?
Nelly pensò che sarebbe stata una buona occasione per vedere le meraviglie che i nostri amici animali sanno fare. Insomma per farla breve, si iscrisse al festival, partecipò e...signori e signore...vinse il primo premio! Mai nessuno aveva avuto una gallina così!
Nelly tornò a casa soddisfatta e continuò ad avere la compagnia della gallina per molti molti anni.

In a small country town lived Nelly, a lady who lived alone in the company of her farm animals. Nelly had a goat on her farm, three chickens, a spotted cow, pigeons (hard to say how many, as birds come and go), two rabbits. The faithful Spino, an elderly hunting dog, helped her keep the troop together. This story seems very ordinary, nothing strange so far, except for one of her hens. Yes, Serafina the hen had shown some oddities from birth, ever since she came out of the egg and instead of following mother hen, she followed Nelly in her husework. She followed her and emitted a single chirp. Nelly was a little worried, she thought she had some health problems, but in reality the chick was growing well and had become a beautiful hen. Her oddities with time became continuous, but Nelly looked at her amused without worrying too much: when she was hungry the hen crawled on her mistress's legs, stroking her leg with feathers. Her verses were now longer, as if she were about to sing a song and also there was no way to make her sleep in the chicken coop, she was always with Nelly and even landed on her legs, on the sofa and even on the bed. When she needed to go out to relieve herself she would stand in front of the back door and wait for Nelly to open it for her. She was a bit spoiled, you might think, but Nelly had always treated her like a hen and decided that the next day she would talk to the veterinarian who came for the routine visit to all the animals.
- You know doctor, this hen is a bit strange! He has some really weird behavior!
- What do you mean by strange? - the veterinarian tried to investigate.
- Well, I could tell you that it acts like... like... like a cat, that's it!
- But don't talk nonsense, I've never heard such a thing in my entire life!
So, Nelly, showed the doctor the oddities of the hen, who was amazed: he couldn't believe his eyes. He made a proposal to Nelly:
-Every year there is a festival of exceptional animals, which do unusual things. Would you like to participate with your hen?
Nelly thought it would be a good chance to see the wonders our animal friends can do. In short, she signed up for the festival, Nelly and Serafina participated and.. ladies and gentlemen.. the hen won the first prize! No one had ever had such a hen!

Nelly returned home satisfied and continued to have the company of the hen for many many years.

In un piccolo paese di campagna viveva Nelly.
In a small country town lived Nelly.
La gallina Serafina aveva mostrato qualche stranezza fin dalla nascita.
Serafina the hen had shown some oddities from birth.
La seguiva.
She followed her.
Nelly era un po' preoccupata.
Nelly was a little worried.
Sa dottore, questa gallina è un po' strana!
You know doctor, this hen is a bit strange!
Non poteva credere ai propri occhi
He couldn't believe his eyes.
Ogni anno si tiene il festival degli animali eccezionali.
Every year there is a festival of exceptional animals.
La gallina vinse il primo premio! Mai nessuno aveva avuto una gallina così!
The hen won the first prize! No one had ever had such a hen!
Nelly tornò a casa soddisfatta.
Nelly returned home satisfied.

Gallina	hen
stranezza	oddity
premio	prize
animali della fattoria	farm animals
veterinario	veterinary
preoccupato	worried
seguiva	followed
proposta	proposal
cane da cacciare	hunting dog
piccioni	pigeons
decise	decided
indagare	investigate
piume	feathers
pigolio	chirp
faccende	housework
festival	festival

7- IL PESCIOLINO SCINTILLA 7- THE FISH SPARKLES

Scintilla aveva degli strani amici: il pesce sciatore sciava con due sci come se si trovasse tra le montagne, il pesce sceriffo portava la stella appuntata sul petto, la sceglieva sempre luccicante, il pesce liscio era privo di scaglie e sapeva scivolare alla perfezione tra scogli e rocce. Infine il pesce sciarpa era sempre infreddolito e a forza di indossare sciarpe di lana, aveva preso egli stesso la forma di una sciarpa.
"Che starna compagnia! Ma che siano proprio pesci?", si chiedeva ogni tanto Scintilla mentre scivolava tra le acque azzurre.

Scintilla had strange friends: the skier fish skied with two skis as if he were in the mountains, the sheriff fish wore the star pinned to his chest, he always chose it sparkling, the smooth fish was flakeless and knew how to glide perfectly between rocks and rocks. Finally, the fish scarf was always cold and by dint of wearing woolen scarves, he had himself taken the shape of a scarf.
"What a partridge company! But are they really fish?", Scintilla wondered every now and then as he slipped through the blue waters.

Scintilla aveva degli strani amici.
Scintilla had strange friends.
Il pesce sceriffo portava la stella.
The sheriff fish wore the star.
Il pesce liscio era privo di scaglie.
The smooth fish was flakeless.
Il pesce sciarpa era sempre infreddolito.
The fish scarf was always cold.
"Che starna compagnia!
What a partridge company!
Ma che siano proprio pesci?
But are they really fish?"

Strano	strange
sceriffo	sheriff
sciarpa	scarf
scivolava	slipped
amici	friends
sciatore	skier
montagna	mountains
stella	star
petto	chest
infreddolito	cold
di lana	woolen

8- IL GATTO GRATTASTINCHI 8- THE CAT SCRATCH SHINS

Una bambina aveva un gatto che le grattava sempre gli stinchi. Alla bambina a volte usciva del sangue e chiedeva alla mamma se le metteva un cerotto per bloccare la ferita. La mamma, così, sgridava sempre il gatto e lui offeso, si nascondeva sempre sotto i mobili. Un giorno il gatto rimase talmente offeso che scomparve e tutti pensarono, non vedendolo tornare, che fosse finito sotto una macchina. Dopo qualche settimana il gatto tornò e avendo imparato la lezione non grattò più gli stinchi della bambina.

A little girl had a cat that was always scratching her shins. Sometimes the little girl would get blood and asked her mother if she put a band-aid to block the wound. In this way, the mother always scolded the cat and he offended, always hid under the furniture. One day the cat was so offended that he disappeared and everyone thought, not seeing him return, that he had ended up under a car. After a few weeks the cat returned and having learned the lesson, he no longer scratched the child's shins.

Una bambina aveva un gatto.
A little girl had a cat.
Chiedeva alla mamma se le metteva un cerotto.
She asked her mother if she put a plaster.
La mamma sgridava sempre il gatto.
The mother always scolded the cat.
Si nascondeva sempre sotto i mobili.
He always hid under the furniture.
Tutti pensarono che fosse finito sotto una macchina.
Everyone thought that he had ended up under a car.
Il gatto tornò.
The cat returned.
Non grattò più gli stinchi della bambina.

He no longer scratched the child's shins.

Gatto	cat
cerotto	plaster
mamma	mother
mobili	furniture
sgridava	scolded
macchina	car
grattare	scratch
offeso	offended
scomparve	disappeared
stinco	shin

9- UNA STORIELLA UN PO' COSI' 9- A LITTLE LITTLE STORY

Nella savana si alza il sole
e nella grotta ruggisce il leone,
un leopardo e tre leopardini,
sono alle prese con due porcospini,
hanno avvistato qualcosa lontano,
 quattro tucani sopra un banano:
sono tre serpenti alquanto sbadati
che hanno mangiato panini bruciati,
due pappagalli parecchio scortesi
prendono in giro tre bufali obesi
e il coccodrillo nel fango accaldato
spalanca la bocca per prendere fiato,
e tra due palme, che strana faccenda,
due canguri fanno merenda.
Questa è la storia dell'Africa nera:
decidi tu: è falsa o vera?

In the savannah the sun rises
and in the cave the lion roars,
a leopard and three small leopard,
are struggling with two porcupines,
they spotted something far away,
 four toucans on a banana tree:
they are three rather careless snakes
who ate burnt sandwiches,
two very rude parrots
they make fun of three obese buffaloes
and the crocodile in the hot mud
open your mouth wide to catch your breath,
and between two palm trees, what a strange business,
two kangaroos have a snack.
This is the story of black Africa:
you decide: is it false or true?

Nella savana si alza il sole.
In the savannah the sun rises.
Sono alle prese con due porcospini.
They are struggling with two porcupines.
Quattro tucani sul banano.

16

Four toucans on a banana tree.
Prendono in giro tre bufali obesi.
They make fun of three obese buffaloes.
Due pappagalli parecchio scortesi.
Two very rude parrots.
Tra due palme.
Between two palm trees.
Due canguri fanno merenda.
Two kangaroos have a snack.
Decidi tu: è falsa o vera?
You decide: is it false or true?

Sole	**sun**
leone	**lion**
serpenti	**snakes**
porcospini	**porcupines**
leopardi	**leopard**
pappagalli	**parrots**
coccodrillo	**crocodile**
bocca	**mouth**
canguri	**kangaroos**
grotta	**cave**
bruciati	**burnt**

10- LA BALENA GIALLA 10- THE YELLOW WHALE

Nell'oceano vivono tante balene e una di loro è speciale: è tutta gialla.
La balena gialla è conosciuta da tutti i pesci dell'oceano che giocano con lei ogni giorno. Le piace nuotare al Polo e passa l'estate tra le isole calde. Un giorno incontra uno strano pesce. La balena gialla lo osserva a lungo: questo pesce sta sempre sopra l'acqua, fa uno strano fumo, a volte un rumore assordante e corre veloce. La balena gialla lo segue fino alla costa e vede tanti altri strani pesci che fanno il fumo. La balena continua a seguire quello strano pesce.
Un giorno il delfino suo amico se ne accorge e spiega alla balena che quelli che vede non sono pesci, ma navi, imbarcazioni che gli umani usano per spostarsi sull'acqua e possono essere molto pericolose per i pesci.
Da quel giorno la balena non insegue più le navi e le guarda da lontano.

Many whales live in the ocean and one of them is special: it is all yellow.
The yellow whale is known to all the ocean fish that play with it every day. She likes to swim at the Polo and spends the summer among the hot islands. One day he meets a strange fish. The yellow whale observes it for a long time: this fish is always above the water, it makes a strange smoke, sometimes a deafening noise and runs fast. The yellow whale follows him to the coast and sees many other strange fish that make smoke. The whale continues to follow that strange fish.
One day his friend dolphin notices this and explains to the whale that what he sees are not fish, but ships, boats that humans use to move on water and can be very dangerous for fish.
From that day on, the whale no longer chases the ships and watches them from afar.

Nell'oceano vivono tante balene.
Many whales live in the ocean.
Le piace nuotare al Polo.
She likes to swim at the Polo.
La balena gialla lo osserva.
The yellow whale observes it.

Un giorno incontra uno strano pesce.
One day she meets a strange fish.
La balena continua a seguire quello strano pesce.
The whale continues to follow that strange fish.
La balena non insegue più le navi.
The whale no longer chases the ships.

balena	whale
delfino	dolphin
nave	ships
pericoloso	dangerous
guarda	watches
oceano	ocean
giallo	yellow
isole	islands
costa	coast
strano	strange

11- IL PIPISTRELLO E IL GHIRO 11- THE BAT AND THE GHIRO

C'era una volta un pipistrello che aveva una brutta abitudine: quando si appendeva a testa in giù nella grotta per dormire, teneva le ali ben aperte e occupava tutto il posto. I suoi compagni erano stufi e un bel giorno andarono a chiedere consiglio al gufo saggio: - Caro maestro, il nostro compagno pipistrello non capisce che non può occupare tutto il posto quando dormiamo, che consiglio puoi darci?

Il grande gufo saggio ci pensò su e poi gli venne una grande idea. Il giorno dopo accompagnò il pipistrello dal ghiro freddoloso, che non sopportava gli spifferi della sua casina nell'albero ed era molto preoccupato perché non riusciva a riposare bene. Così, il ghiro e il pipistrello si misero d'accordo: il pipistrello poteva diventare una comoda tendina che si apriva e si chiudeva davanti alla porta del ghiro, riparando la sua casa dagli spifferi. In questo modo il pipistrello poteva aprire e chiudere le ali come voleva, occupare tutto il posto che gli serviva, senza dare fastidio a nessuno.

Once upon a time there was a bat that had a bad habit: when it hung upside down in the cave to sleep, it kept its wings wide open and took up the whole place. His companions were fed up and one day they went to ask the wise owl for advice: - Dear teacher, our bat companion does not understand that he cannot occupy all the place when we sleep, what advice can you give us?

The great wise owl thought about it and then came up with a great idea. The next day he accompanied the bat from the cold dormouse, who could not stand the drafts of his little house in the tree and was very worried because he could not rest well. Thus, the dormouse and the bat came to an agreement: the bat could become a comfortable curtain that opened and closed in front of the dormouse door, protecting its house from drafts. In this way the bat could open and close its wings as it wanted, occupy all the place it needed, without bothering anyone.

Occupava tutto il posto.
He took up the whole place.
I suoi compagni erano stufi.
His companions were fed up.
Non può occupare tutto il posto.
 He cannot occupy all the place.
Il grande gufo saggio ci pensò su.
The great wise owl thought about it.
 Accompagnò il pipistrello dal ghiro freddoloso.
He accompanied the bat from the cold dormouse.
In questo modo il pipistrello poteva aprire e chiudere le ali.
In this way the bat could open and close its wings.

Non riusciva a riposare bene.
He could not rest well.

Gufo	owl
dormiamo	we sleep
pipistrello	bat
porta	door
ali	wings
disturbare	bothering
ghiro	dormouse
consiglio	advice
spifferi	drafts
abitudine	habit
casa	house
riposare	rest
aprire	open

12- LA FAMIGLIA DEGLI ORSI 12- THE BEAR FAMILY

In una tiepida giornata, mamma orsa si avviò con i suoi piccoli presso il torrente che scorreva vicino alla loro grotta. Mamma orsa aveva il pelo marrone scuro, il muso appuntito, lo sguardo attento e due orecchie arrotondate che captavano i pericoli vicini. I suoi due orsacchiotti, due batuffoli col musetto sporgente, pensavano solo a giocare e divertirsi.

Appena giunta al torrente la mamma si immerse nell'acqua zampillante; i piccoli rimasero a giocare a riva quando "Bum!", uno sparo fece levare in volo gli uccelli del bosco.

Gli orsacchiotti capirono che i cacciatori erano vicini e chiamarono disperatamente la loro mamma; intorno la boscaglia si era fatta silenziosa. Gli orsetti erano spaventati: perché la mamma non rispondeva?

Ecco che con un grande balzo la mamma li raggiunse e cominciò a spingerli rapidamente verso la caverna dove intanto era arrivato anche il loro papà. I cacciatori si avvicinarono alla grotta per catturare gli orsetti ma i due grandi orsi li spaventarono e li fecero fuggire a gambe levate.

On a warm day, the mother bear walked with her young to the stream that flowed near their cave. Mama Bear had a dark brown fur, a pointed snout, an alert gaze and two rounded ears that picked up on nearby dangers. Her two teddy bears, two fluffy balls with protruding noses, were only thinking of playing and having fun.

As soon as she reached the stream, their mother immersed herself in the gushing water; the little ones remained to play on the shore when "Bum!", a shot made the birds of the forest fly.

The teddy bears realized that the hunters were close and desperately called their mom; around the bush had become silent. The teddy bears were frightened: why did mom not answer?

Here, with a great leap, their mother reached them and began to push them quickly towards the cave where their father had arrived in the meantime. The hunters approached the cave to catch the bears but the two large bears frightened them and made them flee.

I suoi due orsetti pensavano solo a giocare e divertirsi.
Her two teddy bears were only thinking of playing and having fun.
 La loro mamma si immerse nell'acqua zampillante.
Their mother immersed herself in the gushing water;
Mamma orsa aveva un pelo marrone scuro
Mama Bear had a dark brown fur.
I cacciatori erano vicini.
The hunters were close.
Mamma orso si avviò con i suoi piccoli.

The mother bear walked with her young.
Uno sparo fece levare in volo gli uccelli del bosco.
A shot made the birds of the forest fly.
I due grandi orsi li spaventarono.
The two large bears frightened them.
Gli orsetti erano spaventati.
The little bears were frightened.
I cacciatori si avvicinarono alla grotta.
The hunters approached the cave.

Tiepida	warm
grotta	cave
torrente	stream
pelo	fur
muso	snout
orecchie	ears
pericoli	dangers
acqua	water
giocare	play
uccelli	birds
spaventati	frightened
cacciatori	hunters
balzo	leap
spingerli	push

13- RINO IL RINOCERONTE 13- RINO THE RHINOCEROS

Nella calda savana africana viveva un rinoceronte che tutti gli animali chiamavano Rino. Era un bestione grande e grosso, con quattro zampacce possenti e con una pelle dura che, come una corazza, lo ricopriva tutto. Aveva sulla fronte un corno lungo e appuntito sopra il quale stava un cornetto più piccolo che neppure lui sapeva a cosa servisse.
Era conosciuto da tutti per il suo caratteraccio; bastava un nonnulla per far diventare nero il suo umore. Ed allora si guardava intorno con aria sospettosa ed era pronto a caricare chiunque. Già, perché Rino, oltre ad essere irritabile, era anche piuttosto prepotente, pensava di essere il più grosso della savana.
Un giorno c'era un'aria fastidiosa e Rino era più nervoso che mai; come odiava la sabbia che il vento gli faceva entrare negli occhietti da miope, già ci vedeva poco di per sé! Ad un tratto una ventata smosse le fronde di un albero vicino a lui. Il rumore mise in allarme Rino che aveva i nervi a fior di pelle, anzi la corazza! I suoi occhietti videro un'ombra minacciosa.
Chi osa attaccare il grande rinoceronte?- sbuffò e senza pensarci andò alla carica correndo come una locomotiva.
L'urto fu tremendo: il corno si piantò nel tronco e Rino si prese una zuccata che per qualche ora rimase tramortito. Quando tornò in sé e si accorse di quanto sciocco era stato si infuriò ancora di più, ma ci mise due giorni per estrarre il corno dall'albero.

In the warm African savannah lived a rhinoceros that all the animals called Rino. It was a big big beast, with four powerful paws and with a hard skin that, like an armor, covered it all. On his forehead he had a long, pointed horn over which was a smaller horn that not even he knew what it was for.
He was known by all for his temper; a trifle was enough to turn his mood black. And then he looked around suspiciously and was ready to charge anyone. Yes, because Rino, in addition to being irritable, was also quite bossy, he thought he was the biggest in the savannah.
One day there was an annoying air and Rino was more nervous than ever; how he hated the sand that the wind made him get into his myopic eyes, he could already see little of it by himself!

Suddenly a gust of wind stirred the branches of a tree near him. The noise alarmed Rino who had his nerves on the edge of his skin, indeed his armor! His little eyes saw a threatening shadow.

Who dares to attack the great rhino? - he snorted and without thinking he charged, running like a locomotive.

The collision was tremendous: the horn got stuck in the trunk and Rino give a head that was stunned for a few hours. When he came to his senses and realized how foolish he had been, he was even more furious, but it took him two days to extract the horn from the tree.

Era un bestione grande e grosso.
It was a big big beast.
Aveva sulla fronte un corno lungo e appuntito.
On his forehead he had a long, pointed horn.
Si guardava intorno con aria sospettosa.
He looked around suspiciously.
Pensava di essere il più grosso della savana.
He thought he was the biggest in the savannah..
Rino era più nervoso che mai.
Rino was more nervous than ever.
I suoi occhietti videro un'ombra minacciosa.
His little eyes saw a threatening shadow.
L'urto fu tremendo.
The collision was tremendous.
 Il corno si piantò nel tronco.
The horn got stuck in the trunk.
Quanto sciocco era stato.
How foolish he had been.

Corazza	armor
zampacce	powerful paws
corno	horn
caratteraccio	temper
prepotente	irritable
vento	wind
rumore	noise
tronco	trunk
odiava	hated
ombra	shadow
locomotiva	locomotive
si infuriò	he was more furious

14- TIMMY ALLO SPECCHIO 14- TIMMY IN THE MIRROR

Paolo per il suo compleanno ha ricevuto in regalo un gattino, che ha chiamato Timmy.

Questo gattino è molto speciale: è convinto di avere un gemello che lo segue e lo imita in tutto.

Appena passa per il corridoio, ecco che spunta il suo gemello, identico a lui che fa proprio gli stessi movimenti. Timmy lo guarda e anche il suo gemello lo guarda, Timmy fa un passo e il suo gemello fa lo stesso, Timmy si arruffa ed eccolo lì...anche l'altro gatto lo fa!

Timmy passa la giornata a cercare di capire perché quest'altro gattino lo imiti sempre! Ma non può pensare con il suo cervello? E poi perché sbuca fuori sempre quando passa dal corridoio, quando va nella camera della mamma, quando passa dall'ingresso? Lo vede solo in queste occasioni, che strano!!!

Intanto Paolo ride, ride a crepapelle quando Timmy si trova alle prese con il suo gemello, chissà perché! E tu, hai capito chi è questo gemello?

21

For his birthday Paolo received a kitten as a gift, which he named Timmy.

This kitten is very special: he is convinced that he has a twin who follows him and imitates him in everything.

As soon as he passes through the corridor, his twin appears, identical to him, making exactly the same movements. Timmy looks at him and his twin looks at him too, Timmy takes a step and his twin does the same, Timmy gets ruffled and there he is... the other cat does it too!

Timmy spends the day trying to understand why this other kitten always imitates him! But can't he think with his brain? And why does he always come out when he goes through the corridor, when he goes to his mother's bedroom, when he goes through the entrance? He only sees it on these occasions, how strange!!!

Meanwhile, Paolo laughs, laughs out loud when Timmy is struggling with his twin, who knows why! And you, did you understand who this twin is?

Paolo ha ricevuto in regalo un gattino.
Paolo received a kitten as a gift.
Lo ha chiamato Timmy.
He named Timmy.
Questo gattino è molto speciale.
This kitten is very special
Spunta il suo gemello, identico a lui.
His twin appears, identical to him.
Paolo ride.
Paolo laughs.
E tu, hai capito chi è questo gemello?
And you, did you understand who this twin is?
Ma non può pensare con il suo cervello?
But can't he think with his brain?

Gemello	twin
compleanno	birthday
gattino	kitten
specchio	mirror
corridoio	corridor
camera	bedroom
strano	strange
identico	identical
ride	laughs

15- IN GIRO PER IL BOSCO 15- AROUND THE WOODS

E' ottobre. Nel bosco ricco di colori si sente un fruscio: è lui, il ghiro, con il corpo reso più pesante dalle recenti scorpacciate. Ghiande, noci, castagne, nocciole e bacche: tutto è afferrato da quelle piccole dita. E poi lo vedi mentre rosicchia e rosicchia con gusto. Dopo si siede su un ramo e con le sue piccole zampe, si pulisce il musetto paffuto. Di solito si nasconde nel cavo di un albero, nella fessura di una roccia o dietro un cespuglio e aspetta pigramente la notte per le sue scorribande: corre su e giù per gli alberi, da un ramo all'altro, finché non ha preso quello che vuole. Ora sta preparando il suo nido, lo imbottisce di muschio e foglie secche. Quando arriverà l'inverno vi si acciambellerà, con la coda attorno al capo e dormirà profondamente, perché il ghiro è un vero dormiglione.

It is October. A rustle is heard in the colorful forest: it is he, the dormouse, with his body made heavier by the recent feasting. Acorns, walnuts, chestnuts, hazelnuts and berries-everything is gripped by those little fingers. And then you see him gnawing and nibbling with relish. Then he sits on a branch and with his little paws, he cleans his chubby face. Usually he hides in the hollow of a tree, in the crevice of a rock or behind a bush and lazily waits for the night for his raids: he runs up

22

and down the trees, from branch to branch, until he took what wants. Now he is preparing his nest, stuffing it with moss and dry leaves. When winter arrives, it will curl up there, with its tail around its head and sleep soundly, because the dormouse is a real sleeper.

E' Ottobre.
It is October.
Tutto è afferrato da quelle piccole dita.
Everything is gripped by those little fingers.
Dopo si siede su un ramo.
Then he sits on a branch.
Si pulisce il musetto paffuto.
He cleans his chubby face.
Di solito si nasconde nel cavo di un albero.
Usually he hides in the hollow of a tree.
Corre su e giù per gli alberi.
He runs up and down the trees.
Sta preparando il suo nido
He is preparing his nest.
Quando arriva l'inverno.
When winter arrives.
Il ghiro è proprio un dormiglione.
The dormouse is a real sleeper.

Ottobre	October
bosco	forest
fruscio	rustle
ghiro	dormouse
dormiglione	sleeper
inverno	winter
muschio	moss
foglie	leaves
cespuglio	bush
castagne	chestnuts
ghiande	acorns

16- IL PICCHIO LORENZO 16- THE WOODPECKER LORENZO

Lorenzo era un giovane picchio che, insieme al papà, alla mamma e ad altri quattro fratellini abitava in un bosco di montagna. Tutte le mattine il papà portava Lorenzo e i fratelli a cacciare nel bosco. Lorenzo non amava svegliarsi presto e prima che si alzasse, il papà lo doveva chiamare più volte. Lorenzo, non amava nemmeno andare a caccia, giudicava questa attività troppo faticosa. Spesso inventava delle scuse per rimanere con la mamma e giocava nei dintorni, svolazzando da un albero all'altro. Passava il tempo e il nostro picchio rimaneva indietro con gli insegnamenti del suo papà, mentre i suoi fratelli stavano diventando abili cacciatori. Come avrebbe fatto a badare a se stesso quando i suoi genitori non gli avrebbero più procurato cibo?
Lorenzo diceva che se la sarebbe cavata lo stesso: il pensiero di andare a cacciare lo rendeva stanco e pensava che le cose faticose e difficili non facessero per lui.
Un giorno, mentre il papà e i fratelli erano a caccia, Lorenzo era rimasto come al solito al nido, perché aveva trovato la scusa del mal di pancia. Ad un tratto un grosso predatore si avvicinò minaccioso al nido, intenzionato a mangiare le uova che la mamma di Lorenzo stava covando. Inutili furono i tentativi di Lorenzo e della sua mamma di scacciare via l'uccello, così, il giovane picchio partì in men che non si dica a chiedere aiuto al papà e ai suoi fratelli. Andava veloce come un razzo, sapeva che tutto dipendeva da lui. Quando arrivarono tutti insieme, il predatore era ancora nei paraggi e la mamma era molto preoccupata per la sorte delle sue uova.

Lorenzo, il papà e i suoi fratelli scacciarono l'uccello predatore e Lorenzo venne celebrato da tutti come "Il salvatore" della sua famiglia, perché aveva dimostrato coraggio e prontezza nel salvare la sua famiglia.

Lorenzo was a young woodpecker who, together with his father, mother and four other siblings, lived in a mountain forest. Every morning his father took Lorenzo and his brothers to hunt in the woods. Lorenzo did not like to wake up early and before he got up, his father had to call him several times. Lorenzo did not even like to go hunting, he considered this activity too tiring. He often invented excuses to stay with his mother and played around, flitting from tree to tree. Time passed and our woodpecker fell behind with his dad's teachings, while his brothers were becoming skilled hunters. How was he going to look after himself when his parents would no longer provide him with food?
Lorenzo said he would get away with it anyway: the thought of going hunting made him tired and he thought that tiring and difficult things were not for him.
One day, while his father and brothers were hunting, Lorenzo had remained at the nursery as usual, because he had found the excuse of a stomach ache. Suddenly a large predator threatened to approach the nest, intending to eat the eggs that Lorenzo's mother was hatching.
The attempts of Lorenzo and his mother to chase away the bird were useless, so the young woodpecker left in no time at all to ask his father and his brothers for help. He was going as fast as a rocket, he knew it all depended on him. When they all arrived together, the predator was still around and Mom was very worried about the fate of her eggs.
Lorenzo, his father and his brothers chased away the predatory bird and Lorenzo was celebrated by everyone as "The savior" of his family, because he had shown courage and readiness in saving his family.

Lorenzo era un giovane picchio.
Lorenzo was a young woodpecker
Lorenzo non amava svegliarsi presto.
Lorenzo did not like to wake up early.
Lorenzo, non amava nemmeno andare a caccia.
Lorenzo did not even like to go hunting.
I suoi fratelli stavano diventando abili cacciatori.
His brothers were becoming skilled hunters.
Un grosso predatore si avvicinò minaccioso al nido.
A large predator threatened to approach the nest.
Il giovane picchio partì a chiedere aiuto al papà e ai suoi fratelli.
The young woodpecker left to ask his father and his brothers for help.
Andava veloce come un razzo.
He was going as fast as a rocket.
La mamma era molto preoccupata.
Mom was very worried.
Lorenzo venne celebrato come "Il salvatore" della sua famiglia.
Lorenzo was celebrated as "The savior" of his family.

Picchio	**woodpecker**
caccia	**hunt**
fratelli	**brothers**
nido	**nest**
svolazzando	**flitting**
scuse	**excuses**
procurarsi	**provide**
mal di stomaco	**stomach ache**
predatore	**predator**
uova	**eggs**
coraggio	**courage**
aiuto	**help**

17- STORIA DI UN GATTINO 17- STORY OF A KITTEN

Gigi, una volta, aveva un bel gattino piccino di nome Milo. Era arrivato nella famiglia di Gigi quando aveva solo due settimane, perché aveva perso la sua famiglia. A forza di bere latte, Milo era diventato un bel gattone: era forte, attento e pronto a scattare se vedeva un topolino.
Un giorno riuscì a catturare un uccellino, ma poi se lo lasciò scappare; un altro giorno acchiappò un topolino bianco, ma poi lo lasciò andare perché gli piaceva di più il latte con i biscotti che gli preparava la mamma di Gigi. Insomma, Milo non riuscì a diventare un abile cacciatore, come lo sono tutti gli altri gatti, perché era abituato troppo bene e amava riposare, piuttosto che procurarsi cibo.
Tra pochi giorni Milo diventerà papà: se desiderate un micino simpatico e carino come lui, ma un po' pigrone, provate a telefonare a casa di Gigi.

Gigi once had a cute little kitten named Milo. He had arrived in Gigi's family when he was only two weeks old, because he had lost his family. By dint of drinking milk, Milo had become a big cat: he was strong, alert and ready to shoot if he saw a mouse.
One day he managed to catch a little bird, but then he let it escape; another day he caught a white mouse, but then he let it go because he liked better the milk and cookies that Gigi's mother made him. In short, Milo was unable to become a skilled hunter, as are all other cats, because he was too used to it and loved to rest, rather than get food.
In a few days Milo will become a dad: if you want a nice and cute kitten like him, but a little lazy, try calling Gigi's house.

Era arrivato nella famiglia di Gigi.
He had arrived in Gigi's family.
Un giorno riuscì a catturare un uccellino.
One day he managed to catch a little bird.
Milo era diventato un bel gattone.
Milo had become a big cat.
Gli piaceva di più il latte con i biscotti.
He liked better the milk and cookies.
Milo non riuscì a diventare un abile cacciatore.
Milo was unable to become a skilled hunter.
Tra pochi giorni Milo diventerà papà.
In a few days Milo will become a dad.

Gattino	kitten
famiglia	family
aveva perso	had lost
latte	milk
topo	mouse
lazy	pigro
forte	strong
biscotti	cookies
riposare	to rest
carino	cute

18- IL MIO CANE 18- MY DOG

Il mio cane è bello
anche se un po' pazzerello.
Sull'erba gli piace ruzzolare
e talvolta nell'acqua sguazzare.

Il mio cane è un labrador
e gli piace giocare al matador.
L'elettricista lo fa abbaiare
e l'idraulico scappare.
Se un biscottino gli fanno vedere
si mette all'istante a sedere.
Gli piace tanto la compagnia
di tutti, ma soprattutto la mia.
All'aria aperta gli piace stare
il mio è un cane da coccolare.

My dog is nice
even if a little crazy.
He likes to tumble on the grass
and sometimes splashing around in the water.
My dog is a Labrador
and he likes to play matador.
The electrician makes him bark
and the plumber run away.
If they show him a cookie
he sits up instantly.
He likes company so much
of all, but especially mine.
He likes to be outdoors
mine is a dog to cuddle.

Il mio cane è un labrador.
My dog is a Labrador.
L'elettricista lo fa abbaiare.
The electrician makes him bark.
Gli piace molto la compagnia.
He likes company so much.
Gli piace stare fuori.
He likes to be outdoors.

Pazzo	crazy
erba	grass
abbaiare	bark
idraulico	plumber
elettricista	electrician
scappare	run away
compagnia	company
coccolare	to cuddle

19- IL RANOCCHIO GINO 19- THE LITTLE FROG GINO

Gino era un ranocchio che aveva fretta di crescere e fare le cose dei grandi. Lo stagno in cui viveva non era molto grande e voleva vedere altri stagni; gli sarebbe bastato qualche minuto per raggiungere quello vicino, collegato da un canale, dove abitava il suo amico Luigi. Improvvisamente però cominciò a piovere sempre più forte, tanto che dovette mettersi al riparo, evitando di emergere dall'acqua, per non farsi pizzicare dai grossi goccioloni. Si rifugiò sotto una grande foglia che galleggiava sull'acqua e aspettò che la pioggia finisse. Ma per tre giorni non smise mai di piovere e quando tornò il sole Gino si accorse che lo stagno si era ingrandito moltissimo. A quel punto Gino si disorientò: non ritrovava la sua casa e nemmeno quella dell'amico. Gino si rattristò molto, continuò a nuotare cercando di ritrovare qualche faccia o posto conosciuto, ma niente. Gino cercava solo un posto dove nascondersi e aveva tanta paura di non tornare a casa. Sul fondo dello stagno vide una grossa conchiglia vuota e decise di ripararsi all'interno.

Un giorno passava di lì il suo amico Luigi che lo stava cercando e finalmente, sentendo una voce amica Gino decise di uscire dalla conchiglia. Con grande sollievo abbracciò l'amico e capì che c'è un tempo per tutto. Non si può avere fretta di crescere o di fare le cose che fanno i grandi.

Gino was a little frog who was in a hurry to grow up and do things like he was big. The pond in which he lived was not very large and he wanted to see other ponds; it would take him a few minutes to reach the neighboring one, connected by a canal, where his friend Luigi lived. Suddenly, however, it began to rain harder and harder, so much so that he had to take shelter, avoiding emerging from the water, in order not to get pinched by the big drops. He took refuge under a large leaf floating on the water and waited for the rain to stop. But for three days it never stopped raining and when the sun returned Gino noticed that the pond had grown enormously. At that point Gino became disoriented: he did not find his home or that of his friend. Gino was very sad, he continued to swim trying to find some face or known place, but nothing. Gino was just looking for a place to hide and was so afraid not to go home. At the bottom of the pond he saw a large empty shell and decided to take shelter inside.

One day his friend Luigi passed by who was looking for him and finally, hearing a friendly voice, Gino decided to get out of the shell. With great relief, he hugged his friend and understood that there is a time for everything. You cannot be in a hurry to grow up or to do the things that adults do.

Gino era un ranocchio.
Gino was a frog.
Lo stagno non era molto grande.
The pond was not very large.
Improvvisamente cominciò a piovere.
Suddenly it began to rain.
Si rifugiò sotto una grande foglia.
He took refuge under a large leaf.
Per tre giorni non smise mai di piovere.
For three days it never stopped raining.
Vide una grossa conchiglia vuota.
He saw a large empty shell.
Il suo amico Luigi lo stava cercando.
His friend Luigi was looking for him.
Gino decise di uscire dalla conchiglia.
Gino decided to get out of the shell.
Non si può avere fretta di crescere.
You cannot be in a hurry to grow up.

Crescere	grow up
foglia	leaf
stagno	pond
piovere	to rain
amico	friend
conchiglia	shell
cercare	look for
riparo	shelter
nuotare	to swim
abbracciò	hugged

20- LO GNOMO E IL RAGNO 20- THE GNOME AND THE SPIDER

Uno gnomo era seduto sotto a un pino con il suo amico ragno.
Passarono le loro amiche cicogne e li invitarono ad andare a una festa in loro compagnia. Il ragno disse: -Io non posso venire, devo terminare la mia ragnatela!
Allora lo gnomo gli propose: -Posso aiutarti io!
E così lo gnomo e il ragno finirono la ragnatela e poi andarono alla festa.
La festa era in una casetta dietro alla montagna. Tutti gli animali si divertirono moltissimo e una volta tornati a casa se ne andarono a letto a dormire e sognare!

A gnome was sitting under a pine tree with his spider friend.
Their friends storks passed by and invited them to go to a party with them. The spider said: -I can't come, I have to finish my web!
Then the gnome proposed to him: -I can help you!
And so the gnome and the spider finished the web and then went to the party.
The party was in a small house behind the mountain. All the animals had a great time and once they got home they went to bed to sleep and dream!

Uno gnomo era seduto sotto ad un pino.
A gnome was sitting under a pine tree.
Il ragno disse.
The spider said.
Devo terminare la mia ragnatela.
 I have to finish my web.
Lo gnomo e il ragno finirono la ragnatela.
The gnome and the spider finished the web.
La festa era in una casetta.
The party was in a small house.
Tutti gli animali si divertirono.
All the animals had a great time.

Gnomo	gnome
pino	pine tree
ragno	spider
cicogne	storks
ragnatela	web
aiutarti	help you
festa	party
si divertirono	had a great time
sognare	to dream

21- IL PINGUINO TUTTO MATTO 21- THE PENGUIN ALL MAD

C'era un pinguino che viveva al Polo Nord ed era un po' speciale: rispetto a tutti gli altri suoi coetanei amava un sacco ballare! Andava a scuola e mentre la maestra scriveva sulla lavagna ghiacciata lui teneva il tempo con una zampetta, a ricreazione invece di giocare con i suoi compagni, deliziava tutti con un balletto, quando usciva da scuola in fila indiana non perdeva l'occasione di fare un balletto prima di arrivare tra le braccia della mamma. Anche la notte, mentre dormiva poteva capitare che il piccolo pinguino sognasse di ballare e alla povera sorellina che condivideva la stanza con lui, toccava guardarlo mentre sollevava lenzuola e coperte in preda ad un attacco di ballo. La mamma un giorno pensò di portarlo dal dottore, al quale non rimase che diagnosticare la "ballerinite acuta", per dirla in parole semplici, i genitori dovevano accettare il pinguino così com'era e assecondarlo. Saggiamente la mamma pensò di iscriverlo ad una scuola di danza: non ci fu regalo migliore per il piccolo pinguino! Lì poteva danzare per tutto il pomeriggio e imparare nuovi passi, lì si divertiva e si sentiva libero.

28

Fu così che il pinguino riuscì a realizzare la sua passione.

There was a penguin who lived in the North Pole and he was a bit special: compared to all his other peers, he loved dancing! He went to school and while the teacher was writing on the frozen blackboard he kept time with a paw, at recess instead of playing with his classmates, he delighted everyone with a ballet, when he left school in single file he never missed the opportunity to do ballet before arriving in the arms of the mother. Even at night, while he slept it could happen that the little penguin dreamed of dancing and the poor sister who shared a room with him, had to watch him as he lifted sheets and blankets in the throes of a dance attack.

One day his mother thought of taking him to the doctor, who only had to diagnose "acute ballerinitis", to put it simply, the parents had to accept the penguin as it was and indulge it. Mom wisely thought of enrolling him in a dance school: there was no better gift for the little penguin! There he could dance all afternoon and learn new steps, there he had fun and felt free.

Thus it was that the penguin was able to realize his passion.

Un pinguino che viveva al Polo Nord.
A penguin who lived in the North Pole.
Amava un sacco ballare.
He loved dancing
Mentre la maestra scriveva alla lavagna lui teneva il tempo.
While the teacher was writing on the blackboard he kept time.
Sollevava lenzuola e coperte.
He lifted sheets and blankets.
La mamma un giorno pensò di portarlo dal dottore.
One day his mother thought of taking him to the doctor.
I genitori dovevano accettare il pinguino così com'era.
The parents had to accept the penguin as it was.
La mamma pensò di iscriverlo ad una scuola di danza.
Mom thought of enrolling him in a dance school.
Il pinguino riuscì a realizzare la sua passione.
The penguin was able to realize his passion.

Pinguino	penguin
speciale	speciale
ballare	dancing
maestra	teacher
lavagna	blackboard
teneva il tempo	he kept time
dottore	doctor
scuola di danza	school dance
libero	free
genitori	parents

22- IL CAVALLO RINO 22- THE RINO HORSE

Rino era un giovane cavallo che viveva allo stato brado a cui piaceva molto divertirsi con i suoi amici. Era considerato da questi il più coraggioso di tutti, perché non aveva paura di spingersi a galoppare in punti sempre più distanti, anche lontani dal branco degli adulti, per poi tornare velocemente indietro. Rino però nascondeva un segreto che non osava confessare ai suoi amici: aveva una grande paura del buio. Si vergognava molto di questo e non voleva che si sapesse. Gli unici a sapere di questa paura erano i suoi genitori. Rino dormiva sereno solo quando c'era la luna piena o era a metà, perché in questo modo riusciva a vedere intorno a sé e a dare un nome agli oggetti che intravedeva.

Un giorno il giovane cavallo decise di spingersi più in là del solito, esplorando nuove praterie e dimostrando ancora più coraggio di fronte ai suoi amici. Ad un tratto si trovarono di fronte il rudere di una vecchia casa colonica e la curiosità li spinse a intrufolarsi tra le stanze disabitate. Qualche compagno del gruppo si tirò indietro, ma Rino cercando di mostrare coraggio si mise davanti al gruppo ed entrò per primo spingendo la porta con il muso. Appena fu dentro, però, la porta cadde dietro di sé portandosi dietro mattoni e travi dal soffitto. Rino era bloccato, iniziò a nitrire per lo spavento. I compagni lo confortarono cercando altre vie d'uscita, ma sembrava non ce ne fossero, così decisero di tornare dal branco degli adulti per chiedere aiuto.

Rino, dopo un primo momento di agitazione si calmò, pensando che presto sarebbero arrivati i soccorsi. Ma in poco il tempo il cielo si oscurò riempiendosi di nuvole e il cielo si fece buio.

La paura prese il sopravvento e Rino cominciò a piangere. Ma si accorse che più si agitava e pensava al peggio, più la paura si impossessava di lui togliendogli il respiro. Decise di calmarsi, di sedersi a terra e aspettare. Iniziò a rallentare il respiro, perché questo lo faceva calmare, iniziò a pensare ad altro, alle sue corse nelle praterie, alle gare con gli amici, perché questo non gli faceva pensare alla paura e nel giro di poco si addormentò. Venne risvegliato dallo scalpitio degli zoccoli che si avvicinavano. Erano gli adulti, ora era salvo. Riuscirono a spostare le macerie che imprigionavano il giovane cavallo e Rino fu presto libero. Imparò una lezione molto importante: al buio non ti succede nulla, devi solo trovare il modo di calmarti e non pensarci.

Rino was a young horse who lived in the wild who loved having fun with his friends. He was considered by these the bravest of all, because he was not afraid to go galloping in increasingly distant points, even far from the herd of adults, and then quickly turn back. Rino, however, was hiding a secret that he dared not confess to his friends: he was very afraid of the dark. He was very ashamed of this and did not want it to be known. The only people who knew about this fear were his parents. Rino slept peacefully only when the moon was full or it was halfway through, because in this way he was able to see around him and to give a name to the objects he glimpsed.

One day the young horse decided to go further than usual, exploring new grasslands and showing even more courage in front of his friends. Suddenly they found themselves facing the ruins of an old farmhouse and curiosity drove them to sneak among the uninhabited rooms. Some of the group mates pulled back, but Rino, trying to show courage, stood in front of the group and entered first, pushing the door with his nose. As soon as he was inside, however, the door fell behind him, carrying bricks and beams from the ceiling. Rino was blocked, he began to neigh with fright. The companions comforted him by looking for other ways out, but it seemed there were none, so they decided to return to the herd of adults to ask for help.

Rino, after an initial moment of agitation, calmed down, thinking that help would soon arrive. But in a short time the sky darkened and filled with clouds and the sky became dark.

Fear took over and Rino began to cry. But he realized that the more he fidgeted and thought about the worst, the more fear took hold of him and took his breath away. He decided to calm down, sit on the ground and wait. He began to slow down his breathing, because this made him calm down, he began to think about other things, about his runs in the prairies, about competing with friends, because this did not make him think of fear and soon he fell asleep. He was awakened by the clatter of approaching hooves. They were the adults, now he was safe. They managed to move the rubble that imprisoned the young horse and Rino was soon free. He learned a very important lesson: nothing happens to you in the dark, you just have to find a way to calm down and not think about it.

Era considerato il più coraggioso di tutti.
He was considered the bravest of all.
 Rino nascondeva un segreto.
Rino was hiding a secret.
Aveva molta paura del buio.
He was very afraid of the dark.
Il giovane cavallo decise di spingersi più in là del solito.
The young horse decided to go further than usual
La porta cadde dietro di lui.
The door fell behind him.

Rino era bloccato.
Rino was blocked.
In breve tempo il cielo si oscurò.
In a short time the sky darkened.
Decide di calmarsi.
He decided to calm down.
Rino fu presto libero.
Rino was soon free.
Non ti succede nulla al buio.
Nothing happens to you in the dark.

Cavallo	horse
divertirsi	to have fun
galoppare	to gallop
buio	dark
si vergognava	he was ashamed
paura	fear
luna piena	full moon
più lontano	further
soffitto	ceiling
nitrire	to neigh
piangere	to cry
calmarsi	to calm down

23- IL GATTO VALENTINO 23- THE VALENTINE CAT

Valentino è un gatto nero e vive in una fattoria. Si diverte a fare scherzi agli altri animali. Tira la coda del maiale, strappa le penne alle galline, salta sulle pecore morbide e mordicchia le orecchie dell'asino. Tutti sono stanchi di Valentino e dei suoi scherzi sciocchi. Ma lui non smette. Spaventa le oche, rincorre i conigli, mangia la torta della moglie del fattore messa a raffreddare sul davanzale e poi sporca tutta la biancheria stesa al sole ad asciugare.
Poi torna a casa e tutto contento beve il suo latte.
Ma un bel giorno gli animali della fattoria decidono di dargli una lezione: per spaventarlo un po' chiedono aiuto al cane del vicino. Il cane Gianmaria era un cane da caccia ormai stanco di correre dietro alle prede, ma non avrebbe mai fatto del male ai suoi compagni della fattoria.
Così, dopo l'ennesima giornata di scherzi e scorribande, Valentino torna a casa per riposarsi: chi trova davanti alla sua cestina? Il cane Gianmaria, ovviamente! Con un balzo da abile cacciatore si lancia su Valentino, che non fa in tempo a difendersi, ma trova un via di fuga davanti a sé. Corre Valentino, corre più forte che può tra i campi coltivati, finché non si sente più abbaiare Gianmaria. Gli animali della fattoria assistono alla scena e se la ridono a crepapelle.
Dopo qualche giorno Valentino torna a casa guardingo e impaurito. Sicuramente la lezione gli è servita e d'ora in avanti non infastidirà più i suoi amici della fattoria.

Valentino is a black cat and lives on a farm. He enjoys playing tricks on other animals. Pull the pig's tail, rip the feathers off the hens, jump on the soft sheep and nibble on the donkey's ears. Everyone is tired of Valentino and his silly jokes. But he doesn't stop. It scares the geese, chases rabbits, eats the farmer's wife's cake which has been left to cool on the windowsill and then dirties all the laundry hanging out in the sun to dry.
Then he goes home and happily drinks his milk.
But one day the farm animals decide to teach him a lesson: to scare him a little, they ask the neighbor's dog for help. The dog Gianmaria was a hunting dog by now tired of chasing prey, but he would never harm his companions on the farm.
So, after yet another day of jokes and raids, Valentino returns home to rest: who does he find in front of his basket? Gianmaria the dog, of course! With a leap like a skilled hunter he launches on

Valentino, who doesn't have time to defend himself, but finds an escape route in front of him. Valentino runs, runs as fast as he can among the cultivated fields, until Gianmaria is no longer heard barking. The farm animals watch the scene and laugh out loud.

After a few days, Valentino returns home cautious and afraid. Surely the lesson has served him and from now on he will no longer bother his friends on the farm.

Ma un bel giorno gli animali della fattoria decidono di dargli una lezione.
But one day the farm animals decide to teach him a lesson.
Gianmaria era un cane da caccia ormai stanco.
The dog Gianmaria was a hunting dog by now tired.
Valentino torna a casa per riposarsi
Valentino returns home to rest.
Con un balzo da abile cacciatore si lancia su Valentino.
With a leap like a skilled hunter he launches on Valentino.
Corre Valentino, corre più forte che può.
Valentino runs, runs as fast as he can.
Gli animali della fattoria assistono alla scena e se la ridono a crepapelle.
The farm animals watch the scene and laugh out loud.
Valentino torna a casa guardingo e impaurito.
Valentino returns home cautious and afraid

nero	black
Maiale	pig
pecore	sheep
asino	donkey
conigli	rabbits
oche	geese
torta	cake
latte	milk
bere	to drink
fattoria	farm
difendersi	to defend
ridere	to laugh

24- UNO STRANO LETTORE

25- A STRANGE READER

Sono un topino speciale, di giorno faccio dei pisolini dove capita, ma di notte sono sveglissimo e pieno di voglia di imparare. Sicuramente non vado a caccia come tutti i miei coetanei.
I miei occhi hanno delle grandi pupille per vedere, e per leggere mi basta la luce di un raggio di luna. Ho imparato a leggere abbastanza velocemente e ho incominciato a divorare i libri interi! Non mi bastano più racconti brevi di poche pagine, storielle che finisco in cinque minuti. Ormai vivo in biblioteca da molto tempo e mi sono abituato ad osservare quelli che leggono i libri in silenzio e quelli che li prendono in prestito. Ma un dubbio mi sorge ogni volta che apro un libro nuovo: riuscirò a leggere tutti i libri della biblioteca?

I am a special mouse, during the day I take naps where it happens, but at night I am very awake and full of desire to learn. I certainly don't go hunting like all my peers.
My eyes have large pupils to see, and the light of a moonbeam is enough for me to read. I learned to read pretty quickly and started devouring whole books! I am no longer enough short stories of a few pages, stories that I finish in five minutes. I have been living in the library for a long time now and have grown accustomed to observing those who read books in silence and those who borrow them. But a doubt arises every time I open a new book: will I be able to read all the books in the library?

Sono un topino speciale.
I am a special mouse.
Faccio pisolini dove capita.
I take naps where it happens.
Di notte sono sveglissimo.
At night I am very awake.
Ho imparato a leggere abbastanza velocemente.
I learned to read pretty quickly.
Apro un libro nuovo.
I open a new book.

Topo	mouse
pisolini	naps
imparare	to learn
leggere	to read
biblioteca	library
in silenzio	in silence
divorare	devouring

26- UN PIC NIC NEL BOSCO

27- A PIC NIC IN THE WOODS

Un bel giorno alcuni animali molto amici tra di loro decisero di fare un bel pic nic nel bosco.
Il gufo saggio si raccomandò subito: -Mi raccomando non lasciate i rifiuti in terra! Non bisogna sporcare il prato!
Mentre mangiavano, però, dimenticarono tutti l'avviso del gufo e tra una risata e l'altra, tra una canzone e l'altra, il prato si riempì ben presto di immondizia.
Ad un tratto una fortissima folata di vento trascinò tutti i rifiuti nel ruscello! Che guaio, ora era difficile raccoglierli tutti. Così decisero di organizzarsi: gli uccelli in volo avrebbero utilizzato una grande foglia di bardana per raccogliere la maggior parte dei rifiuti finiti in acqua, il castoro con un grande tuffo avrebbe fatto la sua parte e gli scoiattoli sopra ai rami avrebbero fatto calare nel ruscello delle canne da pesca fatte con i rami.
Il gufo saggio, in mezzo agli animali che stavano facendo il tifo sulle sponde del ruscello, ammirava la collaborazione che era stata messa in atto e alla fine della "pesca riparatrice" si complimentò con tutti per il lavoro svolto, ricordando loro che se avessero seguito i suoi consigli non avrebbero dovuto ingegnarsi per recuperare i rifiuti.

One day some very friendly animals decided to have a nice picnic in the woods.
The wise owl immediately recommended: -I recommend not to leave waste on the ground! Don't get the lawn dirty!
While they ate, however, they all forgot the owl's warning and between one laugh and another, between one song and another, the lawn was soon filled with garbage.
Suddenly a very strong gust of wind dragged all the rubbish into the stream! What a mess, now it was difficult to collect them all. So they decided to organize: the birds in flight would use a large burdock leaf to collect most of the waste that ended up in the water, the beaver with a big dive would do its part and the squirrels above the branches would let fishing rods made with branches.
The wise owl, in the midst of the animals that were cheering on the banks of the stream, admired the collaboration that had been put in place and at the end of the "repair fishing" he congratulated everyone on the work done, reminding them that if they followed his advice shouldn't have worked hard to recover the waste.

Alcuni animali decisero di fare un bel pic nic nel bosco.
Some animals decided to have a nice picnic in the wood.

Mi raccomando non lasciate i rifiuti in terra!
I recommend not to leave waste on the ground!
Il prato si riempì ben presto di immondizia.
The lawn was soon filled with garbage.
Ora era difficile raccoglierli tutti.
Now it was difficult to collect them all.
Decisero di organizzarsi.
So they decided to organize.
Il gufo saggio si complimentò con tutti.
The wise owl congratulated everyone.

Molto amici	friendly
bosco	wood
wise	saggio
dirty	sporco
warning	raccomandazioni
lawn	prato
rifiuti	rubbish
scoiattoli	squirrels
collaborazione	collaboration
consigli	advices

28- IL GATTO GIACINTO 28- THE HYACINTH CAT

Nella quiete di una soffitta, la gatta di zia Mimma si è accovacciata su un cuscino in una vecchia culla abbandonata. Quella cuccia di lì a poco è diventata la casa di cinque curiosi e vivaci gattini. Mamma gatta si prende cura dei suoi cuccioli, li allatta e li riempie di leccate. Tra questi micetti ce n'è uno che fa sempre i capricci, non vuole stare nella culla e discute con sonori miagolii. E' Giacinto, questo gattino birichino!
Ha il pelo nero, lunghi baffi che gli ornano il musetto, due occhioni gialli che brillano nell'oscurità della soffitta. Le quattro zampette sono coperte di pelo bianco e sembrano innocue: però nascondono artigli affilati come quelli dell'aquila. Giacinto si mette in equilibrio sulla sponda della culla e si lancia agile nel vuoto. Si aggira tra le cianfrusaglie come un esploratore. Entra nella cassa piena di libri e quaderni polverosi, fa un agguato a un piccolo squalo di gomma. Tra salti e corse finisce nella ciotola dell'acqua bagnandosi tutto il pelo come se avesse preso un acquazzone. Il cuore gli batte forte e i suoi acuti miagolii fanno accorrere zia Mimma. La zia, con tanta pazienza, lo asciuga e poi lo ripone di nuovo nella sua sicura culla. Mamma gatta lo rincuora leccandolo da capo a piedi, ma è sicura che Giacinto tra una quindicina di minuti combinerà ancora qualcosa.

In the quiet of an attic, Aunt Mimma's cat has crouched on a pillow in an old abandoned cot. That kennel soon became the home of five curious and lively kittens. Mother cat takes care of her kittens, feeds them and fills them with licks. Among these kittens there is one who always has a tantrum, does not want to stay in the cradle and argues with loud meows. It's Giacinto, this fluffy kitten!
He has black fur, long wiskers that adorn his nose, two yellow eyes that shine in the darkness of the attic. The four legs are covered with white fur and seem harmless: however, they hide sharp claws like those of an eagle. Giacinto balances himself on the edge of the cradle and throws himself nimbly into the void. He wanders among the junk like an explorer. Enter the crate full of dusty books and notebooks, ambush a small rubber shark. Between jumps and runs he ends up in the bowl of water, getting his hair wet as if he had caught a shower. His heart beats fast and his sharp meows bring Aunt Mimma to run. The aunt, with a lot of patience, dries it and then puts it back in its safe cradle. Mother cat cheers him up by licking him from head to foot, but she is sure that Giacinto will still do something in about fifteen minutes.

La gatta di zia Mimma si è accovacciata su un cuscino.

Aunt Mimma's cat has crouched on a pillow.
Mamma gatta si prende cura dei suoi cuccioli.
Mother cat takes care of her kittens.
 E' Giacinto, questo gattino birichino!
It's Giacinto, this fluffy kitten!
Le quattro zampette sono coperte di pelo bianco.
The four legs are covered with white fur.
Entra nella cassa piena di libri e quaderni polverosi.
Enter the crate full of dusty books and notebooks.
Il cuore gli batte forte.
His heart beats fast.
La zia, con tanta pazienza, lo asciuga.
The aunt, with a lot of patience, dries it.

Soffitta	attic
culla	cot
cinque	five
li allatta	she feeds them
capricci	tantrum
baffi	whiskers
artigli	claws
esploratore	explorer
acquazzone	downpour
pazienza	patience

29- IL VERMETTO TEO 29- THE TEO WORM

Teo era un vermetto che aveva nove fratelli, lui era il decimo, il più piccolo. Ovviamente era il più lento di tutti, il più piccolo di tutti, il meno intelligente. Teo si sentiva molto insicuro e non servivano a nulla gli incoraggiamenti del fratello maggiore che gli diceva che non era il peggiore, ma che imparava per ultimo solo perché era il più piccolo.
Un giorno i fratelli di Teo si incamminarono per andare a cercare cibo. Teo si avviò dietro ai fratelli, ma ben presto li perse di vista. Ad un certo punto notò l'ombra di un uccello sopra di lui, intenzionato a mangiarlo e immediatamente Teo si intrufolò in un buchetto del terreno. Per fortuna il buco era abbastanza stretto e profondo da impedire all'uccello di raggiungerlo con il becco, che si arrese e volò via.
Teo, nel tentativo di salvarsi, si era intrufolato nella casa del signor Lombrico e quando se ne accorse disse: - Mi scusi l'intrusione signor Lombrico, ma grazie alla sua casa sono ancora vivo!
Il signor Lombrico si complimentò con Teo: -Hai avuto molto coraggio piccolino, lo sai che non è saggio andare in giro ed esporsi ai predatori? Ti faccio i miei complimenti perché potevi rimanere paralizzato dalla paura, invece hai reagito trovando una soluzione.
Teo, incoraggiato dalle parole di Lombrico decise di raggiungere i fratelli per dimostrare a se stesso e a loro che anche lui era capace di fare tante cose buone e con un po' di tempo e pazienza sarebbe riuscito a diventare un vermetto proprio in gamba.

Teo was a worm who had nine brothers, he was the tenth, the youngest. Obviously he was the slowest of all, the smallest of all, the least intelligent. Teo felt very insecure and the encouragement of his older brother who told him that he was not the worst, but that he learned last only because he was the youngest, was useless.
One day, Teo's brothers set out to look for food. Teo set off behind the brothers, but soon lost sight of them. At one point he noticed the shadow of a bird above him, intending to eat it, and immediately Teo sneaked into a hole in the ground. Fortunately, the hole was narrow and deep enough to prevent the bird from reaching it with its beak, which gave up and flew away.
Teo, in an attempt to save himself, had snuck into Mr. Earthworm's house and when he noticed it he said: - Excuse me for the intrusion, Mr. Earthworm, but thanks to your house I'm still alive!

Mr. Earthworm complimented Teo: -You had a lot of courage, little one, do you know that it is not wise to go around and expose yourself to predators? I congratulate you because you could have been paralyzed by fear, but instead you reacted by finding a solution.

Teo, encouraged by Earthworm's words, decided to join his brothers to prove to himself and to them that he too was capable of doing many good things and with a little time and patience he would be able to become a really good worm.

Era il più lento di tutti.
He was the slowest of all.
Teo si sentiva molto insicuro.
Teo felt very insecure.
Notò l'ombra di un uccello sopra di lui.
He noticed the shadow of a bird above him.
Teo si intrufolò in un buchetto del terreno.
Teo sneaked into a hole in the ground.
Hai avuto molto coraggio piccolino.
You had a lot of courage.
Ti faccio i miei complimenti.
I congratulate you.

Verme	worm
salvarsi	to save
soluzione	solution
volare via	fly away
cibo	food
ombra	shadow
buco	hole
stretto	narrow
lombrico	earthworm

STORIE MAGICHE

MAGICAL STORIES

30- LA STREGA PRISCILLA 30- THE WITCH PRISCILLA

In un folto bosco ai margini della campagna, dentro una piccola caverna, vive la strega Priscilla.
Oggi è il suo compleanno e ha invitato maghi e streghe per una grande festa. Prepara degli spaghetti con un sughetto a base di aglio, lattughe, ghiande, funghi, uova di tartarughe e tenere ragnatele. Per brindare prepara un liquore a base di aghi di pino.
Intreccia ghirlande di mughetti e ciclamini per decorare la sua caverna.
Quando tutto è pronto chiama i suoi amici. Formano un bel girotondo intorno a fuoco e cantano per tutta la notte. Tutti gli amici di Priscilla adorano andare alle sue feste.

In a thick wood on the edge of the countryside, inside a small cave, lives the witch Priscilla.
Today is her birthday and she has invited wizards and witches for a big party. Make spaghetti with a sauce made from garlic, lettuce, acorns, mushrooms, turtle eggs and tender cobwebs. To toast, prepare a liqueur made from pine needles.
Weave garlands of lilies of the valley and cyclamen to decorate her cave.
When everything is ready he calls her friends. They form a nice circle around a fire and sing all night long. All of Priscilla's friends love going to her parties.

Dentro una piccola caverna, vive la strega Priscilla.
Inside a small cave lives the witch Priscilla.
Oggi è il suo compleanno.
Today is her birthday.
Quando tutto è pronto chiama i suoi amici.
When everything is ready he calls her friends.
Per brindare prepara un liquore a base di aghi di pino.
To toast, prepare a liqueur made from pine needles.
Tutti gli amici di Priscilla adorano andare alle sue feste.
All of Priscilla's friends love going to her parties.

Campagna	countryside
strega	witch
maghi	wizards
aglio	garlic
lattuga	lettuce
funghi	mushrooms
liquore	liqueur
ghirlanda	garland
girotondo	circle around

31- PIRATESSA IN MARE 31- PIRATESS AT SEA

La piratessa Elsa guarda il mare. C'è tanto da scoprire: pesci volanti, delfini che fanno le acrobazie e in lontanza si intravede perfino un' isola. Elsa si sporge in avanti con curiosità, ma all'improvviso un'onda si infrange contro la nave e fa cadere la piratessa in mare. -

Aiuto!- Elsa si aggrappa a un ramo che galleggia sull'acqua.
Gli altri due pirati non riescono a sentire le richieste di aiuto di Elsa e si allontanano con la nave.
Elsa è terrorizzata: qualcosa sta toccando la sua gamba. Sarà uno squalo?
Una tartaruga viene a galla accanto a lei.
-Salta su! - le propone con gentilezza l'animale, -Ti porto fino all'isola!
Il viaggio fino all'isola passa in fretta: Elsa rimane incantata a guardare i pesci variopinti che nuotano nell'acqua limpida.
- Vorrei regalarti qualcosa per ringraziarti,- dice Elsa alla tartaruga non appena raggiungono l'isola - purtroppo però, tutte le mie cose sono sulla nave, che ora se n'è andata.
- Girati un po'!- le suggerisce la tartaruga, ridendo sotto i baffi.
Elsa non riesce a credere ai suoi occhi: la sua nave è a pochi passi da li!
- Ciao Elsa!- gridano i suoi amici pirati andandole incontro. Poi si abbracciano felici.
Elsa sale di corsa sulla nave per prendere in suo cappello più bello.
- Grazie!- risponde la tartaruga, provando subito il cappello. Poi tutti insieme festeggiano il salvataggio di Elsa.

The piratess Elsa looks at the sea. There is so much to discover: flying fish, dolphins doing stunts and even an island can be glimpsed in the distance. Elsa leans forward with curiosity, but suddenly a wave crashes against the ship and knocks the pirate into the sea. -
Help! - Elsa clings to a branch floating on the water.
The other two pirates are unable to hear Elsa's requests for help and leave with the ship. Elsa is terrified: something is touching her leg. Will it be a shark?
A turtle floats next to her.
-Jump on! - the animal offers her kindly, - I'll take you to the island!
The journey to the island passes quickly: Elsa is enchanted to watch the colorful fish swimming in the clear water.
- I'd like to give you something to thank you, - Elsa says to the turtle as soon as they reach the island.
- Unfortunately, however, all my things are on the ship, which is now gone.
- Turn around a bit! - suggests the turtle, laughing under his mustache.
Elsa can't believe her eyes: her ship is just a few steps away!
- Hi Elsa! - her pirate friends shout as they walk towards her. Then they hug happily.
Elsa runs aboard the ship to pick up her most beautiful hat.
- Thank you! - replies the turtle, immediately trying on the hat. Then all together celebrate Elsa's rescue.

La piratessa Elsa guarda il mare.
The piratess Elsa looks at the sea.
All'improvviso un'onda si infrange contro la nave.
Suddenly a wave crashes against the ship.
Elsa si aggrappa a un ramo che galleggia sull'acqua.
Elsa clings to a branch floating on the water.
Il viaggio fino all'isola passa in fretta.
The journey to the island passes quickly.
Vorrei regalarti qualcosa per ringraziarti.
I'd like to give you something to thank you.
La sua nave è a pochi passi da li!
Her ship is just a few steps away!
Tutti insieme festeggiano il salvataggio di Elsa.
All together celebrate Elsa's rescue.

Pirata	pirate
pesci volanti	flying fish
delfini	dolphins
terrorizzata	terrified

tartaruga	turtle
cappello	hat
nave	ship
festeggiano	celebrate
squalo	sharke
si abbracciano felici	they hug happily

32- LA CACCIA AL TESORO 32- THE TREASURE HUNT

Oggi è un giorno speciale: il re ha organizzato una caccia al tesoro per fare un po' divertire tutti coloro che lavorano per lui. Tutti i cavalieri possono partecipare al gioco e spartirsi il bottino.
- Sarò io a trovare il tesoro!- dice Casimiro fra sé e sé. Però ha dormito troppo, accidenti!
Salta giù dal letto e urta contro il suo elmo.
- Uffa! Come al solito!- sospira, arrabbiandosi per l'ammaccatura sull'elmo.
Ormai si è fatto tardi. Casimiro si sbriga: vuole assolutamente mettersi alla ricerca del tesoro e si veste in fretta. Da fuori si sentono i cavalli al galoppo. La caccia al tesoro è già iniziata ed è costretto a saltare la colazione. Casimiro si precipita nel cortile del castello, ma non c'è più nessuno. Allora corre nella stalla: ma i cavalli non ci sono più. E' rimasto solo un asino. Che sfortuna!
Casimiro un po' rassegnato sale sull'asino e si dirige nel bosco, con lo stomaco che brontola per la fame. Sente delle urla: sono gli altri cavalieri che stanno tornando indietro.
- Il tesoro è perduto per sempre!- si lamentano i cavalieri. - Un drago lo ha rubato!
Casimiro vorrebbe tornare indietro insieme agli altri, ma il suo asino prosegue e va dritto verso il drago! Casimiro è impaurito! Il drago fa la guardia al forziere, ma non appena vede Casimiro, si mette a ridere.
- Che buffo cavaliere!- ridacchia. -Con l'elmo ammaccato e in sella ad un asino! Che ridere!
Anche a Casimiro viene da ridere, mentre la sua pancia continua a brontolare.
- E' più forte il rumore del tuo stomaco che il mio ruggito!- esclama il drago.
- Ma non preoccuparti, ho qualcosa per tutti e due. Guarda un po' nel forziere.
Casimiro è al settimo cielo: è pieno di cioccolatini!
- Grazie, caro drago, erano buonissimi!- grida Casimiro.
Il resto lo porta via con sé per darlo agli altri cavalieri. Non vede l'ora di condividere con loro il tesoro.
- Ci vediamo presto!- promette al suo nuovo amico quando va via.

Today is a special day: the king has organized a treasure hunt to amuse everyone who works for him. All knights can participate in the game and share the loot.
- I'll be the one to find the treasure! - Casimiro says to himself. But he overslept, damn it!
He jumps out of bed and hits his helmet.
- Ugh! As usual! - he sighs, getting angry at the dent on the helmet.
It is now late. Casimiro hurries: he absolutely wants to go in search of the treasure and gets dressed quickly. Horses can be heard galloping from outside. The treasure hunt has already begun and he is forced to skip breakfast. Casimiro rushes into the courtyard of the castle, but there is no one left. Then he runs into the stable: but the horses are no longer there. There is only one donkey left. What a misfortune!
Casimiro a little resigned gets on the donkey and heads into the woods, with his stomach rumbling with hunger. He hears screams: it is the other knights who are coming back.
- The treasure is lost forever! - the knights complain. - A dragon stole it!
Casimiro would like to go back with the others, but his donkey continues and goes straight to the dragon! Casimiro is afraid! The dragon guards the chest, but as soon as he sees Casimir, he starts laughing.
- What a funny knight! - he chuckles. - With a dented helmet and riding a donkey! So funny!
Casimiro also has to laugh, while his belly continues to grumble.
- The noise of your stomach is louder than my roar! - exclaims the dragon.

39

- But don't worry, I have something for both of us. Look in the chest for a while.
Casimiro is on cloud nine: he is full of chocolates!
- Thank you, dear dragon, they were very good! - shouts Casimiro.
The rest he takes away with him to give to the other knights. He can't wait to share the treasure with them.
- See you soon! - promises his new friend when he leaves.

Il re ha organizzato una caccia al tesoro.
The king has organized a treasure hunt
Tutti i cavalieri possono partecipare al gioco
All knights can participate in the game
Salta giù dal letto e urta contro il suo elmo.
He jumps out of bed and hits his helmet.
Lui vuole assolutamente mettersi alla ricerca del tesoro.
He absolutely wants to go in search of the treasure.
E' rimasto solo un asino!
There is only one donkey left!
E' più forte il rumore del tuo stomaco che il mio ruggito!
The noise of your stomach is louder than my roar!
Ma non preoccuparti, ho qualcosa per tutti e due.
But don't worry, I have something for both of us.
Casimiro è al settimo cielo.
Casimiro is on cloud nine.
Non vede l'ora di condividere con loro il tesoro.
He can't wait to share the treasure with them.

Re	king
elmo	helmet
cavaliere	knight
tesoro	treasure
colazione	breakfast
asino	donkey
urla	screams
cioccolatini	chocolates
drago	dragon
rubare	to steal

33- IL DRAGO ALATO 33- THE WINGED DRAGON

Un giorno a Peropoli venne avvistato un drago alato che volava sopra la città perché si era perso. Vola di qua e vola di là, ormai aveva perso le energie.
Ad un certo punto fu costretto a suonare alla porta di una casa perché era affamato e aveva bisogno di cibo: aprì la porta un bambino che preso dallo stupore e dallo spavento chiuse la porta immediatamente e scappò in camera sua. Il drago, a sua volta stupito della reazione del bambino, suonò nuovamente alla porta in cerca di spiegazioni. Il bambino prese coraggio e aprì nuovamente. Questa volta trovò la forza per chiedergli che cosa desiderasse e il drago rispose: -Vorrei un po' di cibo, perché ho volato per molto tempo e sono affamato!
Il bambino più tranquillo andò in cucina e tornò con una pagnotta che si apprestò a consegnare al drago, che in un sol boccone se la mangiò.
Il drago riconoscente salutò il bambino e riprese il volo verso casa sua.

One day a winged dragon was sighted flying over Peropoli because he was lost. Fly here and fly there, by now he had lost his energy.
At one point he was forced to ring the door of a house because he was hungry and needed food: a child opened the door and, taken by amazement and fright, closed the door immediately and ran to

his room. The dragon, in turn astonished by the child's reaction, rang the door again for an explanation. The child took courage and opened it again. This time he found the strength to ask him what he wanted and the dragon replied: - I would like some food, because I have been flying for a long time and I am hungry!

The quieter child went into the kitchen and returned with a loaf of bread which he prepared to deliver to the dragon, who ate it in one gulp.

The grateful dragon greeted the child and flew back to his home.

Un drago alato che volava sopra la città perché si era perso.
A winged dragon was flying over the city because it was lost.
Era affamato e aveva bisogno di cibo.
He was hungry and needed food.
Il drago suonò nuovamente alla porta in cerca di spiegazioni.
The dragon rang the door again for an explanation.
Il bambino prese coraggio.
The child took courage.
Vorrei un po' di cibo, perché sono affamato!
I would like some food, because I am hungry!
Il drago riconoscente salutò il bambino.
The grateful dragon greeted the child.

Affamato	hungry
volare	to fly
suonare alla porta	ring the door
cibo	food
bambino	child
spiegazione	explanation
cucina	kitchen
pagnotta	loaf
pane	bread
grato	grateful

34- IL DESIDERIO 34- THE DESIRE

Questa storia, è la storia di una principessa un po' viziata che pretende sempre l'impossibile.
-No!- gridò la principessa Mira, -le strisce non mi piacciono, voglio una zebra a quadri!
Lo stalliere, che ben conosceva i capricci della principessa sospirò: - Sua altezza, le zebre a quadri non esistono!
La principessa però ne voleva sapere: - Portami entro stasera una zebra a quadri! Altrimenti mi cercherò un altro stalliere.
Lo stalliere ci pensò tutta la notte e non potè fare altro che dipingere dei quadretti neri su un pony bianco. La sera, la principessa tornò nelle scuderie e fu felicissima di trovare una zebra a quadri!
Ma che cosa si sarebbe inventata il giorno dopo? Ogni giorno la principessa Mira se ne usciva con una richiesta diversa: una volta ha voluto una torta rosa e rossa. Un altro giorno ha chiesto di avere dei pesci rossi con le pinne viola.

Un bel giorno, però, alla principessa non venne in mente nulla da chiedere, nemmeno un piccolo desiderio. - Devo assolutamente trovare qualcosa da desiderare- disse la principessa. Decise di andare a fare un giro in carrozza. Per strada incontrò una bambina.
- Mi chiamo Sara- disse- non riesco a trovare il mio cane Tigro. Per caso lo hai visto?
- Purtroppo no- rispose la principessa - ma almeno ora so qual è il mio desiderio di oggi: che tu possa ritrovare il tuo cane.
Mira ordinò a tutti i cavalieri del regno di andare alla ricerca di Tigro. La principessa e Sara lo cercarono a piedi. Mira capì allora che cosa le era sempre mancato: un'amica.
Finalmente un cavaliere riuscì a trovare il cane. Tigro si era perso nel bosco.
-Grazie mille- disse Sara che non stava nella pelle dalla felicità.
- Ci rivedremo presto?- chiese la principessa Mira.

41

- Ma certo- gridò Sara -se vuoi anche domani!
La principessa Mira era felice e per la prima volta in vita sua non aveva più nulla da chiedere.

This story is the story of a slightly spoiled princess who always expects the impossible.
-No! - Princess Mira cried, -I don't like stripes, I want a checkered zebra!
The groom, who knew the princess's wish well, sighed: - Your Highness, checkered zebras don't exist!
But the princess wanted to know: - Bring me a checked zebra by tonight! Otherwise I will look for another groom.
The groom thought about it all night and couldn't help but paint some black squares on a white pony. In the evening, the princess returned to the stables and was delighted to find a checkered zebra!
But what would she come up with the next day? Every day Princess Mira would come up with a different request: once she wanted a pink and red cake. Another day he asked for purple finned goldfish.
 One fine day, however, the princess couldn't think of anything to ask, not even a small wish. - I absolutely must find something to wish for - said the princess. She decided to go for a carriage ride. On the way he met a little girl.
- My name is Sara - she said - I can't find my Tigger dog. Have you seen it by any chance?
- Unfortunately not - answered the princess - but at least now I know what my wish is today: that you can find your dog.
Mira ordered all the knights of the kingdom to go in search of Tigger. The princess and Sara searched for him on foot. Mira then understood what she had always lacked: a friend.
Finally a knight managed to find the dog. Tigger was lost in the woods.
-Thank you very much- said Sara who was really really happy.
- Will we meet again soon? - asked Princess Mira.
- Of course - cried Sara - if you want tomorrow too!
Princess Mira was happy and for the first time in her life she had nothing more to ask for.

Una principessa un po' viziata.
A slightly spoiled princess.
Voglio una zebra a quadri!
I want a checkered zebra!
Le zebre a quadri non esistono!
Checkered zebras don't exist!
Devo assolutamente trovare qualcosa da desiderare.
I absolutely must find something to wish for.
Non riesco a trovare il mio cane Tigro.
 I can't find my Tigger dog.
 So qual è il mio desiderio di oggi.
I know what my wish is today.
Un cavaliere riuscì a trovare il cane.
A knight managed to find the dog.
 Per la prima volta in vita sua non aveva più nulla da chiedere.
For the first time in her life she had nothing more to ask for.

Principessa	princess
zebra	zebra
stalliere	groom
desiderio	wish
richiesta	request
carrozza	carriage
ritrovare	find
oggi	today
amica	friend

35- COME NACQUE LA STELLA MARINA 35- HOW THE STARFISH WAS BORN

Tanti anni fa, non lontano dal mare, vivevano alcuni elefanti: un elefante era un gigante, un elefante era grande, un elefante era medio, un elefante era piccolo e un elefante era piccolino. Gli elefanti guardavano ogni notte le stelle e sognavano di giocare con loro. Una notte l'elefante gigante propose di prenderne una e, detto e fatto, prese per la proboscide l'elefante grande e se lo caricò in groppa. L'elefante grande prese al volo l'elefante medio e così fecero pure l'elefante piccolo e l'elefante piccolino.

L'elefante piccolino trattenendo il respiro, allungò la proboscide e riuscì a prendere una stellina. Dall'emozione all'elefante piccolino venne un pizzicore al naso, starnutì e la stellina gli sfuggì cadendo in fondo al mare. La mattina dopo, passeggiando lentamente, gli elefanti si accorsero della stellina che galleggiava sull'acqua e disse loro: - Ciao, sono diventata una stella marina!

E tutti gli elefanti dissero all'elefante piccolino: - Grazie!

Many years ago, not far from the sea, some elephants lived: an elephant was giant, an elephant was large, an elephant was medium, an elephant was small, and an elephant was small. Elephants looked at the stars every night and dreamed of playing with them. One night the giant elephant proposed to catch one and, said and done, took the big elephant by the trunk and loaded it on its back. The big elephant caught the medium elephant in the air and so did the small elephant and the little elephant.

The little elephant holding its breath, stretched out its trunk and managed to catch a little star. From the emotion of the little elephant, a tingle in the nose came, he sneezed and the star escaped him falling into the sea. The next morning, walking slowly, the elephants noticed the star floating on the water and told them: - Hello, I've become a starfish!

And all the elephants said to the little elephant: - Thank you!

Un elefante era gigante.
An elephant was giant.
Gli elefanti guardavano ogni notte le stelle.
Elephants looked at the stars every night.
L'elefante gigante propose di prenderne una.
The giant elephant proposed to catch one.
La stellina gli sfuggì cadendo nel mare.
The star escaped him falling into the sea.
La mattina successiva gli elefanti si accorsero della stella che galleggiava sull'acqua.
The next morning the elephants noticed the star floating on the water.
L'elefante piccolino riuscì a prendere una stellina.
The little elephant managed to catch a little star.

Elefanti	elephants
stelle	stars
notte	night
proboscide	trunk
respiro	breath
prendere	catch
stella marina	starfish

36- L'ESAME DI MAGIA 36- THE MAGIC EXAMINATION

Zimbalo, un apprendista mago, è molto agitato. Domani deve sostenere l'esame di magia. Se riuscirà a superarlo, potrà fare incantesimi anche fuori dall'accademia: sta aspettando questo momento da tanto tempo. Il problema è che non è ancora molto bravo a fare magie. C'è sempre qualcosa che va storto.

-Ora devo andare,- dice il suo insegnante Zambo, - esercitati bene per domani!Abbi fiducia nelle tue capacità!

E agitando la sua bacchetta magica scompare in un attimo.

Zimbalo ripassa le formule magiche. All'improvviso vede un ragno sul suo libro. E se provasse a trasformarlo? Fare un incantesimo su un animale è molto difficile.

L'aspirante mago ha un attimo di esitazione. E' da solo nel castello: se qualcosa dovesse andare storto, nessuno potrà aiutarlo. Ma alla fine Zimbalo prende coraggio e dice:

- Zampe di ragno e ali di magia, dolce animaletto, vola via!

Appaiono delle stelline dorate e al posto del ragno ora c'è un uccellino. Zimbalo è molto orgoglioso: è la prima volta che riesce a fare un incantesimo su un animale. Ma ora vuol far riapparire il ragno.

- Com'è la formula inversa? Ah, sì: Piume e magia, ora uccellino dovrai andare via!

Ma che succede? Improvvisamente si ritrova un intero stormo di uccelli nella stanza.

Zimbalo deve aver pronunciato la formula magiac sbagliata! Per fortuna gli viene subito in mente quella giusta:

- Uccellini e stelline venite qua e tutto come prima ritornerà!

Appare un lampo e in un attimo tutti gli uccellini scompaiono. Ecco di nuovo il ragno che cammina beato sul libro degli incantesimi. Meno male, ce l'ha fatta!

All'improvviso Zimbalo sente la voce del suo maestro dietro di lui:

-Ben fatto! Hai superato l'esame!

Zimbalo si gira stupito.

- Ma l'esame è domani!- esclama, - E da dove sbuchi, così all'improvviso?

- Non sono mai andato via, -dice Zambo,- sono solo diventato invisibile così potevo esaminarti senza essere visto.

- Anche stavolta, però, ho sbagliato qualcosa, - ammette Zimbalo.

- E' vero,- dice Zambo, - ma non è poi così grave, perché hai avuto fiducia in te stesso e sei riuscito a far ricomparire il ragno da solo. E' questo ciò che conta! Ti consegno la tua prima bacchetta magica da mago.

- Funziona anche fuori dalle mura del castello?

- Certo Zimbalo!

Il ragazzo è felice, finalmente adesso è un vero mago.

Zimbalo, a wizard apprentice, is very agitated. Tomorrow he must take the magic exam. If he manages to overcome it, he can cast spells even outside the academy: he has been waiting for this moment for a long time. The problem is, he's still not very good at magic. There is always something that goes wrong.

-Now I have to go, - says his teacher Zambo, - practice well for tomorrow! Trust your abilities!

And waving his magic wand disappears in a moment.

Zimbalo reviews the magic formulas. Suddenly he sees a spider on his book. What if he tries to transform it? Casting a spell on an animal is very difficult.

The aspiring magician hesitates for a moment. He is alone in the castle: if something goes wrong, no one will be able to help him. But in the end Zimbalo takes courage and says:

- Spider legs and wings of magic, sweet little animal, fly away!

Golden stars appear and instead of the spider there is now a bird. Zimbalo is very proud: it is the first time he has managed to cast a spell on an animal. But now he wants to make the spider reappear.

- What is the inverse formula like? Ah yes: Feathers and magic, now bird you have to go!

What is happening? Suddenly, there is a whole flock of birds in the room.

Zimbalo must have pronounced the magic formula wrong! Fortunately, the right one immediately comes to mind:

- Birds and stars come here and everything will return as before!

A flash appears and in an instant all the birds disappear. Here is the spider walking blissfully on the spellbook again. Luckily, he did it!

Suddenly Zimbalo hears the voice of his teacher behind him:
-Well done! You passed the exam!
Zimbalo turns around in amazement.
- But the exam is tomorrow! - he exclaims, - And where do you come from, so suddenly?
- I never went away, - Zambo says, - I just became invisible so I could examine you without being seen.
- This time too, however, I did something wrong, - admits Zimbalo.
- It's true, - says Zambo, - but it's not that bad, because you trusted yourself and managed to make the spider reappear by yourself. This is what matters! I give you your first wizard's magic wand.
- Does it also work outside the castle walls?
- Sure Zimbalo!
The boy is happy, finally now he is a true magician.

In un attimo tutti gli uccellini scompaiono.
In an instant all the birds disappear.
Domani deve sostenere l'esame di magia.
Tomorrow he must take the magic exam.
Non è ancora molto bravo a fare magie.
He's still not very good at magic.
Zimbalo ripassa le formule magiche.
Zimbalo reviews the magic formulas.
E' da solo nel castello.
He is alone in the castle.
Fare un incantesimo su un animale è molto difficile.
Casting a spell on an animal is very difficult.
Potevo esaminarti senza essere visto.
 I could examine you without being seen.
Ti consegno la tua prima bacchetta magica da mago.
I give you your first wizard's magic wand.
Il ragazzo è felice, finalmente adesso è un vero mago.
The boy is happy, finally now he is a true magician.

Mago	**wizard**
incantesimo	**magic spell**
bacchetta magica	**magic wand**
formula magica	**magic formulas**
castello	**castle**
trasformare	**to transform**
invisibile	**invisible**
esame	**exam**
apparire	**to appear**
scomparire	**to disappear**

37- ANDREA E L'ORSO 37- ANDREA AND THE BEAR

C'era una volta un ragazzo curioso e coraggioso di nome Andrea che amava la natura.
Un giorno decise di scalare un'alta montagna molto ripida e boscosa, per poter osservare il panorama dall'alto. Dopo una lunga arrampicata si trovò di fronte un orso grosso, coperto di pelliccia marrone, con due occhi inferociti. Il bambino non sapeva più cosa fare, si rifugiò silenziosamente in una grotta e vi rimase fino al mattino.
 Appena si levò il sole vide una giovane aquila che subito gli si avvicinò per aiutarlo. L'aquila lo fece salire sul suo dorso, si alzò in volo e riportò Andrea a terra. Il ragazzo era felicissimo e la ringraziò.

Once upon a time there was a curious and brave boy, named Andrea, who loved nature.

One day he decided to climb a very steep and wooded high mountain, to be able to observe the view from above. After a long climb he found a big bear, covered in brown fur, with two angry eyes. The child no longer knew what to do, silently he took refuge in a cave and remained there until morning.

As soon as the sun rose he saw a young eagle that immediately approached him to help him. The eagle made him get on his back, took off and brought Andrea back to the ground. The boy was happy and thanked her.

C'era un ragazzo curioso e coraggioso.
There was a curious and brave boy.
Un giorno decise di scalare un'alta montagna.
One day he decided to climb a high mountain.
 Trovò un grande orso.
He found a big bear.
Silenziosamente si rifugiò in una grotta.
Silently he took refuge in a cave.
Vide una giovane aquila.
He saw a young eagle.
L'aquila lo fece salire sul suo dorso.
The eagle made him get on his back.
Il ragazzo era felice.
The boy was happy.

Orso	bear
curioso	curious
natura	nature
scalare	to climb
vista	view
arrabbiato	angry
rifugio	refuge
terra	ground

38- UN AMICO PER LUCY 38- A FRIEND FOR LUCY

- Ciao, come stai?- chiede la piccola draghessa Lucy.
Il pony si avvicina e l'annusa con curiosità. Anche Lucy annusa l'animale, ma dall'emozione le escono delle nuvolette di fumo dal naso. Il pony si spaventa e scappa via galoppando. Che peccato! Lucy lo guarda fuggir via con tristezza, Lucy vorrebbe tanto avere un amico. Non riesce a capire perché quasi tutti gli animali abbiano paura di lei: è la draghessa più gentile e carina del mondo.
Mentre è assorta in questi pensieri, Lucy sospira facendo uscire un lampo di fuoco dal naso.
" Clac, clac, clac!", replica con il suo becco una cicogna arrabbiata e vola via in fretta. Il lampo di fuoco stava quasi per colpirla e bruciarle le piume!
- Accidenti! Non ti avevo proprio visto!- si scusa Lucy. Ma la cicogna è già andata via. Lucy, triste, si siede su una roccia scaldata dal sole.
-Bello, vero? - le chiede una voce all'improvviso. Lucy spalanca gli occhi stupita. Vicino a lei c'è una creatura che non aveva mai visto. Sembra quasi un…
- Sei per caso anche tu un drago?, domanda Lucy.
-Non proprio, risponde la creatura -Sono un'iguana e mi chiamo Luis.
Luis non si spaventa quando Lucy sputa fuoco dalla gioia. Infatti adora il caldo, proprio come la draghessa!
Lucy e Luis trascorrono il resto della giornata insieme sulla roccia. Hanno così tante cose da raccontarsi! Quella stessa sera, Lucy si addormenta felice: finalmente con Luis, ha trovato un amico.

- Hello, how are you? - asks the little dredge Lucy.

46

The pony approaches and sniffs it with curiosity. Lucy also sniffs the animal, but clouds of smoke come out of the emotion from her nose. The pony gets scared and runs away galloping. What a pity! Lucy watches him run away with sadness, Lucy would love to have a friend. She cannot understand why most animals are afraid of her: she is the kindest and cutest dragon in the world.

While she was absorbed in these thoughts, Lucy sighs, causing a flash of fire to come out of her nose.

-Clack, clack, clack!- replies an angry stork with its beak and flies away quickly. The flash of fire was about to hit her and burn her feathers!

- Damn! I didn't really see you! - Lucy apologizes. But the stork has already gone away. Sadly, Lucy sits down on a sun-warmed rock.

-Beautiful, is not it? - a voice suddenly asks her. Lucy opens her eyes wide in amazement. Next to her there is a creature she had never seen. It almost seems like a ...

- Are you by any chance a dragon too ? - asks Lucy.

-Not really, the creature replies - I am an iguana and my name is Luis.

Luis doesn't get scared when Lucy spits fire with joy. In fact, she loves the heat, just like the dragon! Lucy and Luis spend the rest of the day together on the rock. They have so many things to tell each other! That same evening, Lucy falls asleep happy: finally with Luis, she has found a friend.

Il pony si avvicinò e la annusò con curiosità.
The pony approaches and sniffs it with curiosity.
Lucy vorrebbe tanto avere un amico.
Lucy would love to have a friend.
Il pony si spaventò.
The pony gets scared.
Perchè molti aimali hanno paura di lei.
Why most animals are afraid of her.
Lucy si scusò.
Lucy apologizes.
Io sono un'iguana.
I am an iguana.
Avevano così tante cose da raccontarsi!
They have so many things to tell each other!
Aveva trovato un amico.
She has found a friend.

Draghetta	Dredge
tristezza	sadness
fuoco	fire
pensieri	thoughts
scusarsi	apologize
iguana	iguana
caldo	heat
sera	evening
insieme	together

39- NICOLINA, LA MINI BAMBINA 39- NICOLINA, THE MINI GIRL

Nicolina era una bambina un po' speciale, ora vi racconto perché.

Era un bimba piccolina, ma molto, molto piccolina e spesso succedeva che la perdessero. Viveva con i nonni in una casetta ai margini del bosco. Nicolina era rimasta piccolina perché una fata le aveva fatto un incantesimo quando era nata e da allora non era più cresciuta. I nonni l'amavano molto, ma avevano una paura folle di perderla, di schiacciarla inavvertitamente, di farla cadere, talmente era piccola. Così la nonna pensò di attaccarle al collo una catenina con un campanellino dorato, così, riuscivano a sentirla ovunque andasse.

Con il passare del tempo, però, Nicolina divenne sempre più triste, perché non poteva andare a scuola come gli altri: per andare a scuola ci impiegava quasi tutta la mattina e quando era là, come faceva a scrivere su quei quaderni giganti? Così la nonna le insegnava come poteva, tutto quello che sapeva. Il nonno si era organizzato per farle una cameretta su misura di legno, così che la bambina potesse avere un letto della sua misura, una tavolino piccolo, un armadio giusto per i suoi vestitini. Nonostante gli sforzi dei nonni, Nicolina era ancora triste. Voleva essere libera di fare tutto ciò che facevano gli altri bambini, voleva poter giocare con gli altri, voleva essere libera di muoversi per casa senza la paura di essere schiacciata da qualcuno.

Un giorno, mentre la bambina era persa tra i suoi pensieri, le si avvicinò un piccione che le chiese se voleva fare un giro con lui: a Nicolina non sembrava vero poter vedere il mondo dall'alto, così accettò. Fu un volo sensazionale, pieno di adrenalina!

Quando il piccione la riportò a casa le disse: - Mai e poi mai avrei potuto chiedere ad un bambino di salire su di me per fare un giro! Tu sei una bambina fortunata, perché grazie alla tua statura hai la possibilità di volare con me! Se vuoi, tornerò a trovarti presto per un altro giro.

Nicolina non aveva mai pensato alla fortuna che aveva, anzi, si era solo concentrata sugli svantaggi di essere piccolina. Così, da quel giorno capì che la cosa importante è apprezzare quello che si ha e trarne il maggior vantaggio possibile.

Nicolina was a little bit special, now I'll tell you why.

She was a small child, but very, very small and it often happened that they lost her. She lived with his grandparents in a small house on the edge of the woods. Nicolina had remained small because a fairy had cast a spell on her when she was born and she hadn't grown up since. The grandparents loved her very much, but they were terrified of losing her, of accidentally crushing her, of dropping her, she was so small. So the grandmother thought of attaching a chain to her neck with a golden bell, so they could hear it wherever she went.

Over time, however, Nicolina became more and more sad, because she could not go to school like the others: it took her almost all morning to go to school and when she was there, how did she write in those giant notebooks? So her grandmother taught her how she could, everything she knew. Her grandfather had arranged to make her a bespoke wooden bedroom, so that the child could have a bed of her size, a small table, a wardrobe just right for her clothes. Despite the efforts of her grandparents, Nicolina was still sad. She wanted to be free to do everything other children did, she wanted to be able to play with others, she wanted to be free to move around the house without the fear of being crushed by someone.

One day, while the little girl was lost in her thoughts, a pigeon approached her and asked her if she wanted to take a ride with him: to Nicolina it didn't seem real to be able to see the world from above, so she accepted. It was a sensational flight, full of adrenaline!

When the pigeon brought her home she said: - Never, never could I have asked a child to get on top of me for a ride! You are a lucky girl, because thanks to your height you have the possibility to fly with me! If you want, I'll be back to see you soon for another round.

Nicolina had never thought about the luck she had, on the contrary, she had only focused on the disadvantages of being small. So, from that day, she understood that the important thing is to appreciate what you have and take advantage of it, as much as possible.

Era un bimba piccolina.
She was a small child.
Una fata le aveva fatto un ncatesimo.
A fairy had cast a spell on her.
Erano terrorizzati di perderla.
They were terrified of losing her.
Nicolina diventò sempre più triste.
Nicolina became more and more sad.
Per andare a scuola ci impiegava quasi tutta la mattina.
It took her almost all morning to go to school.
 Voleva essere libera di fare tutto quello che facevano gli altri bambini.

She wanted to be free to do everything other children did.

Un piccione le si avvicinò.

A pigeon approached her.

Fu un volo sensazionale, pieno di adrenalina!

It was a sensational flight, full of adrenaline!

Sei una ragazza fortunata.

You are a lucky girl.

Tornerò a trovarti presto per un altro giro.

I'll be back to see you soon for another round.

Si era solo concentrata sugli svantaggi di essere piccolina.

She had only focused on the disadvantages of being small.

La cosa importante è apprezzare ciò che hai.

The important thing is to appreciate what you have.

Fortunata	lucky
schiacciata	crushed
nonni	grandparents
campanello	bell
armadio	wardrobe
abiti	clothes
misura	size
libera	free

40- BIRBINA LA STELLA MARINA 40- BIRBINA THE STARFISH

Un giorno Birbina, la stella marina che abitava nel fondo dell'oceano, andò a farsi una passeggiata in cerca di conchiglie. Ad un certo punto punto passò vicino a lei un subacqueo.

—Chi sei?- gli chiese Birbina.

Rispose il subacqueo: - Sono un pescatore subacqueo e sto cercando dei pesci un po' speciali per venderli e guadagnare un po' di soldi. E tu, chi sei?

-Sono Birbina. Non vorrai prendere anche me, vero? -aggiunse la stella marina.

- Veramente mi piacerebbe portarti dalla mia bambina che desidera tanto una stella marina- disse il subacqueo.

- Ti prego però, non farmi morire. Mettimi in un po' d'acqua poi, quando la tua bambina mi avrà vista, riportami qui nel mio mare azzurro- lo supplicò Birbina.

Il subacqueo promise a Birbina che l'avrebbe riportata in mare. Così mise la stella marina in un secchiello pieno di acqua e si avviò verso casa. Quando la figlia vide il suo papà rientrare con un secchiello in mano gli corse incontro: quanto grande fu la sua sorpresa nel vedere cosa c'era all'interno! Non aveva mai visto una stella marina in vita sua! Era meravigliosa!

Il papà le spiegò che si chiamava Birbina e il giorno dopo avrebbe dovuto riportarla in mare, come aveva promesso alla stella marina.

Il giorno dopo all'alba, la bambina e il pescatore riportarono Birbina in mare e la ringraziarono per essersi fatta ammirare. Birbina salutò e ripartì trasportata dolcemente dalle onde del mare.

One day Birbina, the starfish who lived in the ocean floor, went for a walk in search of shells. At one point a diver passed by her.

- Who are you? - Birbina asked him.

The diver replied: - I'm a spearfisher and I'm looking for some special fish to sell them and earn some money. Who are you?

- I'm Birbina. You don't want to take me too, do you? -added the starfish.

- Actually I would like to take you to my little girl who wants a starfish so much - said the diver.

- Please don't let me die. Put me in a little water then, when your little girl sees me bring me back here to my blue sea- Birbina begged.

The diver promised Birbina that he would take her back to sea. So he put the starfish in a bucket full of water and went home. When the daughter saw her dad come back with a bucket in hand, she ran to meet him: how great was her surprise in seeing what was there inside of! She had never seen a starfish in her life! It was wonderful!

Her father explained that her name was Birbina and the next day he would have to take her back to the sea, as he had promised the starfish.

The day after at dawn, the little girl and the fisherman brought Birbina back to sea and thanked her for being admired. Birbina said goodbye and set off gently carried away by the waves of the sea.

Un giorno Birbina andò a farsi una passeggiata in cerca di conchiglie.
One day Birbina went for a walk in search of shells.

Chi sei tu?
Who are you?

Per piacere, non farmi morire.
Please don't let me die.

Quanto grande fu la sua sorpresa!
How great was her surprise.

Non aveva mai visto una stella marina in vita sua.
She had never seen a starfish in her life.

Birbina salutò.
Birbina said goodbye.

Passeggiata	walk
conchiglie	shells
vendere	sell
guadagnare	earn
acqua	water
subacqueo	diver
secchiello	bucket
onde	waves

41- PANDOLFINA E LE ONDE DEL MARE 41- PANDOLFINA AND THE WAVES OF THE SEA

Pandolfina era una bambina molto graziosa: aveva un visetto ovale ravvivato da due occhi azzurri, grandi e splendidi come le stelle. Il suo corpo era esile ma pieno di energia. Pandolfina era allegra come un uccello durante la bella stagione: correva nei prati, era affettuosa con i compagni, generosa con tutti, pronta a spartire le proprie cose con gli altri.

Amava la natura e a volte stava ore a contemplare le nuvole che si muovevano nel cielo oppure l'erba del prato mossa dal vento, o le onde del mare che si frangevano sulla riva.

Un giorno si era recata sul molo e guardava le onde che creavano bianche creste di schiuma. Ad un certo momento un'onda più grande delle altre innalzò una schiuma talmente bianca e leggera che Pandolfina ne fu attratta; fece un salto e..."ahimè" direte voi "annegò".

E invece no, Pandolfina camminò sulla cresta e da allora continua a volteggiare da un'onda all'altra salutando chi la guarda.

Ma voi, non fate come lei, perché Pandolfina non era una bambina come le altre ma una fatina, una fata buona del mare.

Pandolfina was a very pretty little girl: she had an oval face enlivened by two blue eyes, big and shining like the stars. His body was thin but full of energy. Pandolfina was as cheerful as a bird during the summer: she ran in the meadows, she was affectionate with her companions, generous with everyone, ready to share her things with others.

She loved nature and sometimes she spent hours contemplating the clouds moving in the sky or the grass in the meadow moved by the wind, or the waves of the sea breaking on the shore.

One day she went to the dock and watched the waves make white crests of foam. At a certain moment, a wave larger than the others raised a foam so white and light that Pandolfina was attracted to it; she jumped and ... "Oh" you will say " she drowned".

But no, Pandolfina walked on the crest and since then continues to circle from one wave to another, greeting those who look her.
But you, don't do like her, because Pandolfina was not a child like the others but a fairy, a good fairy of the sea.

Pandolfina was a very pretty girl. Pandolfina era una bambina molto graziosa.
His body was thin but full of energy. Il suo corpo era esile ma pieno di energia.
Pandolfina was as cheerful as a bird. Pandolfina era allegra come un uccello.
She ran in the meadows. Correva nei prati.
She loved nature. Lei amava la natura.
One day she went to the dock. Un giorno si recò al molo.
Pandolfina walked on the crest. Pandolfina camminò sulla cresta.
You don't do like her. Ma voi non fate come lei.

Esile	Thin
Allegra	Cheerful
Prati	Meadow
Riva	Shore
Molo	Dock
Schiuma	Foam
Annegò	Drowned
Salutando	Greeting
Fata	Fairy

42- IL SEME BLU 42- THE BLUE SEED

Un giorno Gnomo Curioso trovò in un angolo del giardino un seme mai visto. Era grosso come una nocciola, blu e sconosciuto. Curioso andò a guardare sui suoi libri di giardinaggio, ma quel seme proprio non c'era. Il mestiere dei semi, comunque, è di essere piantati e germogliare, così Curioso scavò un bel buco e ci fece rotolare il grosso seme blu. Poi si mise ad aspettare, innaffiando di tanto in tanto. Finalmente il seme germogliò. Diventò una piantina, poi una pianta alta, altissima, più alta di tutte le altre: forte e robusta. Andava su, sempre più su. Ma dove andava?
Curioso decise di scoprirlo. Si arrampicò, ramo per ramo. Giunto in cima, si guardò intorno: vide il suo giardino piccolo piccolo, vide il mondo laggiù; vide il cielo sopra la sua testa.
-Bravo seme blu! -disse. - Adesso ho capito perché sei blu: perché sei come una scala per il cielo…
La pianta del seme blu c'è ancora nel giardino.
E tutte le volte che Curioso ha voglia di toccare il cielo sale, sale, sale. E lassù si sente felice.

One day Curious Gnome found a seed never seen before in a corner of the garden. It was as big as a hazelnut, blue and unknown. Curious went to look at his gardening books, but that seed just wasn't there. The job of the seeds, however, is to be planted and sprouted, so Curious dug a big hole and rolled the big blue seed into it. Then he waited, watering from time to time. Finally the seed sprouted. It became a seedling, then a tall, very tall plant, taller than all the others: strong and robust. It went up, higher and higher. But where was he going?
Curious decided to find out. He climbed, branch by branch. At the top, he looked around: he saw his little little garden below, he saw the world down there; he saw the sky above his head.
-Good blue seed! -he said. - Now I understand why you are blue: because you are like a ladder to the sky!
The blue seed plant is still in the garden.
And whenever Curious wants to touch the sky he goes up, up, up. And he feels happy up there.

Curious Gnome found a seed never seen. Lo Gnomo Curioso trovò un seme mai visto.
It was as big as a hazelnut. Era grosso come una nocciola.
Curious dug a big hole. Curioso scavò un grande buco.

51

Finally the seed sprouted. Finalmente il seme germogliò.
It became a seedling, then a tall plant. Diventò una piantina, poi una pianta alta.
He climbed branch to branch. Si arrampicò ramo per ramo.
He saw his little garden below. Vide il suo piccolo giardino sotto.
You are like a ladder to the sky. Tu sei come una scala verso il cielo.
The blue seed plant is still in the garden. La pianta del seme blu c'è ancora nel giardino.

Seme	seed
sconiosciuto	unknown
angolo	corner
Scala	ladder
nocciola	hazelnut
Curioso	Curious
germogliato	sprounted
buco	hole
cielo	sky
giardino	garden
arrampicarsi	to climb
innaffiando	watering
si sente felice	he feels happy

43- CANCELLA, CANCELLA 43- DELETE, DELETE

Sofia stava disegnando una casetta su un foglio. Cominciò a cancellare e sulla carta si formò un buco. Una donnina uscì dal foglio e iniziò a lamentarsi, perché da quel buco entrava molta aria.
- Mi dispiace- disse Sofia - ma non l'ho proprio fatto apposta.
- Oh bé, adesso non te la prendere tanto, in fondo quando si abita nei disegni ci si abitua a queste cose. Sarebbe stato più grave se tu avessi disegnato una nave.
- Ah sì?- domandò Sofia . - E perché?
- Perché le navi affondano e le case no – rispose la donnina.
- Vuoi dire anche le navi disegnate?
- Certo, anche quelle...Mi ricordo che una volta un bambino disegnò una nave e poi, cancella cancella, venne fuori un bel buco proprio a pelo dell'acqua, così la nave cominciò subito ad affondare! Per fortuna quel bambino aveva disegnato anche una piccola isola, così quelli che stavano sulla nave fecero in tempo a rifugiarsi sopra.

Sofia was drawing a house on a piece of paper. She began to erase and a hole formed in the paper. A little woman came out of the paper and began to complain, because a lot of air was getting in from that hole.
- I'm sorry - Sophie said - but I didn't really do it on purpose.
- Oh well, now do not take it so much, after all when you live in drawings you get used to these things. It would be worse if you had drawn a ship.
- Oh yeah? - Sophie asked. - And why?
-Because ships sink and houses don't! - the little woman replied.
- Do you also mean the drawn ships?
- Of course, even those ... I remember once a child drew a ship and then, erase erase, a nice hole came out right on the water, so the ship immediately began to sink! Luckily that child had also drawn a small island, so those who were on the ship had time to take refuge on it.

Sofia stava disegnando una casa. Sofia was drawing a house.
Iniziò a cancellare e si formò un buco sulla carta. She began to erase and a hole formed in the paper.
Una donnina uscì dalla carta. A little woman came out of the paper.
 Sarebbe stato più grave se tu avessi disegnato una nave. It would be worse if you had drawn a ship.

Perchè le navi affondano e le case no! Because ships sink and houses don't!
La nave iniziò immediatamente ad affondare! The ship immediately began to sink!
Quel bambino aveva disegnato anche una piccola isola. That child had also drawn a small island.

Navi	ships
cancellare	to erase
affondare	to sink
lamentarsi	to complain
disegni	drawings
carta	paper

44- LA FOGLIA CORINNA 44- THE CORINNA LEAF

C'era una volta una foglia molto bella che apparteneva ad una quercia maestosa. Si sentiva davvero importante e sfoggiava la sua bellezza ogni volta che soffiava il vento che la faceva danzare tra le fronde. Arrivò anche l'autunno e si sa, in quella stagione le foglie devono lasciare il loro albero, ma Corinna non ne voleva sapere, Corinna non avrebbe mai lasciato, per nessuna ragione la sua quercia. Chi l'avrebbe ammirata là a terra insieme a tutte le altre foglie?
Ogni giorno rimaneva attaccata tenacemente al ramo, nonostante le temperature si facevano sempre più rigide e il vento soffiava minaccioso. I giorni passavano e lei se ne stata ancora là, fiera del suo coraggio. Era rimasta da sola, tutte le sue compagne si erano lasciate staccare dall'amico vento. Arrivò anche un fortissimo temporale che mise a dura prova la foglia, che, ormai stremata si lasciò cadere al suolo, stanca e demoralizzata per non essere riuscita nella sua impresa.
Ma il giorno dopo, un bambino che passava di lì la notò: era davvero bellissima quella foglia, non aveva mai visto nulla di così bello e soprattutto era ancora verde. Non poteva lasciarla lì tra tutte le altre foglie ormai schiacciate e ammuffite dall'umidità. Così la raccolse e se la porto a casa. Per non sciupare la sua bellezza la mise all'interno di una cornice di vetro, così, poteva ammirarla ogni volta che lo desiderava.

Once upon a time there was a very beautiful leaf that belonged to a majestic oak. She felt really important and flaunted her beauty every time the wind blew that made her dance among the foliage. Autumn also came and you know, in that season the leaves must leave their tree, but Corinna didn't want to know, Corinna would never have left her oak for any reason. Who would have admired it there on the ground, together with all the other leaves?
Every day she remained tenaciously attached to the branch, despite the temperatures becoming increasingly cold and the wind blowing threateningly. The days passed and she was still there, proud of her courage. She was left alone, all her companions had let themselves be detached by the wind friend. A very strong storm also came which put a strain on the leaf, which, by now exhausted, dropped to the ground, tired and demoralized for not having succeeded in its enterprise.
But the next day, a child passing by noticed it: that leaf was really beautiful, he had never seen anything so beautiful and above all it was still green. He could not leave it there among all the other leaves now crushed and moldy from humidity. So he picked it up and took it home. In order not to spoil its beauty, he placed it inside a glass frame, so he could admire it whenever he wanted.

In quella stagione le foglie devono lasciare il loro albero. In that Season the leaves must leave their tree.
Ogni giorno rimanva tenacemente attaccata al ramo. Every day she remained tenaciously attached to the branch.
I giorni passavano e lei era ancora là. The days passed and she was still there.
Tutte le sue amiche si erano lasciate staccare dall'amico vento. All her companions had let themselves be detached by the wind friend.
Un bambino passando da lì, la notò. A child passing by noticed it.
Non poteva lasciarla lì tra tutte le altre foglie. He could not leave it there among all the other leaves.

53

Così la raccolse e la portò a casa. So he picked it up and took it home.
La mise all'interno di una cornice di vetro. He placed it inside a glass frame.

Stagione	season
quercia	oak
autunno	Autumn
soffiare	to blow
tenacemente	tenaciously
vento	wind
rami	branches
sciupare	to spoil
ammirare	to admire
raccogliere	to pick up

45- UNA SORELLINA NUOVA 45- A NEW SISTER

Guido era stanco della sua sorellina Sofia, perché si dava delle arie e le facevano schifo le lucertole e i ragni. Decide allora di comprarne una nuova.

Quel pomeriggio prese la bici e andò al supermercato, quello che vendeva fratelli nuovi. Lì avevano fratelli e sorelle nuovi e c'era roba di qualità a poco prezzo. Su uno scaffale vide una confezione da sei di sorelle surgelate e la mise nel carrello, perché costava poco e ti regalavano anche le figurine dei Pokemon.

Più in là c'era un banco di sorelle in saldo: ad alcune mancavano i denti oppure erano troppo grasse. Comprò una sorella in polvere che a contatto con l'acqua avrebbe preso forma. Tornò a casa soddisfatto con il suo sacchetto e sistemò tutto nel freezer e nella credenza. Sua sorella era proprio lì che lo aspettava e lo osservava incuriosita. Aveva in mano un vassoio di biscotti con ragni e serpenti preparati per la festa di Halloween.

Guido si sentì in colpa per tutte quelle sorelle finte e non appena arrivò la notte, buttò tutti i suoi acquisti nella spazzatura e decise di tenersi sua sorella così com'era.

Guido was tired of his little sister Sofia, because she put on airs and was disgusted by lizards and spiders. He then decides to buy a new one.

That afternoon he took his bike and went to the supermarket, the one that sold new brothers. There they had new brothers and sisters and there was cheap quality stuff. On a shelf he saw a six-pack of frozen sisters and put it in the cart, because it was cheap and they even gave you Pokemon figurines.

Beyond was a bank of sisters on sale: some were missing teeth or were too fat. He bought a powdered sister that would take shape in contact with water. He went home satisfied with his bag and placed everything in the freezer and cupboard. His sister was right there waiting for him and watching him curiously. He was holding a tray of spider and snake cookies prepared for the Halloween party.

Guido felt guilty for all those fake sisters and as soon as night came, he threw all his purchases in the trash and decided to keep his sister as she was.

Guido era stanco della sua sorellina Sofia. Guido was tired of his little sister Sofia.
Quel pomeriggio prese la bici e andò al supermercato. That afternoon he took his bike and went to the supermarket.
Lui decise di comprarne una nuova. He then decides to buy a new one.
Tornò a casa soddisfatto con il suo sacchetto.
Comprò una sorella in polvere che a contatto con l'acqua avrebbe preso forma. He bought a powdered sister that would take shape in contact with water.
Guido si sentì in colpa per tutte quelle sorelle finte. Guido felt guilty for all those fake sisters.
Egli buttò tutti i suoi acquisti nella spazzatura. He threw all his purchases in the trash.

Lucertole	lizards
snakes	serpenti

54

ragni	spiders
scaffale	shelf
surgelate	frozen
denti	teeth
forma	shape
con curiosità	curiously
festa di Halloween	Halloween party
finto	fake
sentirsi in colpa	to feel guilty
tenere	to keep

46- IL TOPOLINO TIM VA NELLO SPAZIO 46- THE BABY MOUSE TIM GOES INTO SPACE

Il topolino Tim è un tipo molto curioso, specie se si tratta di astronomia: conosce tutti i nomi dei pianeti, i nomi delle galassie e di molte costellazioni.

Un giorno gli viene una voglia irrefrenabile di andare a vedere da vicino tutto quello che studiava. Per caso trova per strada un volantino che raffigurava l'uscita di un nuovo film, "Avventure topostellari nello spazio". Quanti sogni affollano la sua mente quella notte!

La domenica successiva decide di andare a vedere il film e con grande energia comincia ad organizzarsi per la sua spedizione nello spazio, proprio come il protagonista del film.

Pensa e ripensa, la prima cosa da fare è realizzare un razzo: si procura alcuni tubi di cartone e carta colorata. Nel giro di qualche giorno è tutto pronto per la sua esplorazione nello spazio. Chiede aiuto al suo papà per farsi spingere nello spazio con un propulsore e alla sua mamma che gli realizza una tuta spaziale e un casco tutto pieno di stelle.

Tutto è pronto, Tim è pieno di entusiasmo e concentrazione. Parte il conto alla rovescia: tre, due, uno...

Via, Tim si trova nello spazio e pieno di stupore si guarda intorno: che meraviglia, che immensità! Tutto gli pare una magia!

Con il suo razzo fa tutto il giro della Terra e dopo trenta minuti si trova di nuovo a casa, pieno di cose da raccontare! Che esperienza esilarante!!!

Tim the mouse is a very curious type, especially when it comes to astronomy: he knows all the names of the planets, the names of galaxies and many constellations.

One day he has an unstoppable desire to go and see everything he was studying up close. By chance he found a flyer on the street that depicted the release of a new film, "Topostellar Adventures in Space". How many dreams crowd his mind that night!

The following Sunday he decides to go to see the film and with great energy begins to organize his expedition into space, just like the protagonist of the film.

Think and rethink, the first thing to do is make a rocket: get some cardboard tubes and colored paper. Within a few days, everything is ready for its exploration in space. He asks his dad for help to get pushed into space with a thruster and his mom who makes him a spacesuit and a helmet full of stars.

Everything is ready, Tim is full of enthusiasm and concentration. The countdown starts: three, two, one ...

Away, Tim is in space and full of amazement looks around: what a wonder, what immensity! Everything seems like magic to him!

With his rocket he goes around the Earth and after thirty minutes he is back at home, full of things to tell! What an exhilarating experience !!!

Il topolino Tim è un tipo molto curioso. Tim the mouse is a very curious type.
Conosce tutti i nomi dei pianeti, i nomi delle galassie e di molte costellazioni. He knows all the names of the planets, the names of galaxies and many constellations.
Tim è pieno di entusiasmo e concentrazione. Tim is full of enthusiasm and concentration.

Tutto è pronto per la sua esplorazione nello spazio. Everything is ready for its exploration in space.

Chiede aiuto al suo papà per farsi spingere nello spazio con un propulsore. He asks his dad for help to get pushed into space with a thruster.

Tim si trova nello spazio e pieno di stupore si guarda intorno. Tim is in space and full of amazement looks around.

Tutto gli pare una magia! Everything seems like magic to him!

Dopo trenta minuti si triova di nuovo a casa, pieno di cose da raccontare! After thirty minutes he is back at home, full of things to tell!

Astronomia	astronomy
Costellazioni	costellations
Pianeti	planets
Galassie	galaxies
Spazio	space
Razzo	rocket
Volantino	flyer
Tuta spaziale	spacesuit
Terra	Earth

47- IL REGALO DEL CERVO 47- THE GIFT OF THE DEER

C'era una volta un boscaiolo che non sapeva come sfamare la sua famiglia. Era davvero povero e ogni sera, quando tornava a casa dalla moglie e dai suoi tre figli piangeva.

Un giorno, passeggiando tra i boschi per recuperare la legna incontrò un cervo che gli disse:

- Le mie corna sono fatate e hanno dei poteri magici: se mi stacchi il primo pezzetto potrai avere tutto il cibo che ti serve per sfamare la tua famiglia, se stacchi il secondo pezzetto otterrai armi e armature, se stacchi il terzo otterrai vestiti e oggetti preziosi. Tu puoi sceglierne solo uno, domani tornerai nel bosco e verrai a prenderti il pezzo di corna che ti serve. Appena arrivato a casa il boscaiolo raccontò alla famiglia ciò che era successo.

La moglie disse: - Voglio il primo, così avremo sempre del cibo per sfamarci!

Il figlio maschio grido: - Voglio il secondo, così diventerò un guerriero forte.

La due figlie femmine urlarono: -Vogliamo il terzo, così saremo belle ed eleganti!

Presto, i figli e la moglie cominciarono a discutere su quale corno fosse il migliore e nonostante il boscaiolo tentasse di metterli d'accordo, non ci riuscì.

La mattina dopo il boscaiolo tornò nel bosco e disse al cervo che non avrebbe preso nessun pezzo delle sue corna, perché la scelta su quale pezzo fosse il migliore aveva portato dei litigi, senza giungere ad una soluzione.

Il cervo, ammirato da tanta onestà, decise di fare uno strappo alla regola e regalò tutti e tre i corni al boscaiolo, che commosso, ringraziò l'animale per la grande generosità.

Con i tre corni la famiglia visse serenamente nell'abbondanza e tutti furono accontentati.

Once upon a time there was a lumberjack who did not know how to feed his family. He was really poor and every night, when he came home to his wife and three children, he would cry.

One day, walking through the woods to retrieve wood, he met a deer who said to him:

- My horns are fairy and have magical powers: if you take off the first piece you can have all the food you need to feed your family, if you take off the second piece you will get weapons and armor, if you take off the third you will get clothes and items precious. You can only choose one, tomorrow you will go back to the woods and you will come and get the piece of horn you need. As soon as he got home, the lumberjack told his family what had happened.

The wife said: - I want the first one, so we will always have food to feed us!

The male child shouts: - I want the second, so I will become a strong warrior.

The two daughters shouted: -We want the third, so we will be beautiful and elegant!

Soon, the children and his wife began to argue about which horn was the best and although the lumberjack tried to get them together, he could not.

The next morning the lumberjack went back into the woods and told the deer that he would not take any piece of his antlers, because the choice of which piece was the best had led to quarrels, without reaching a solution.

The deer, admired by such honesty, decided to make an exception to the rule and gave all three horns to the lumberjack, who, moved, thanked the animal for its great generosity.

With the three horns the family lived peacefully in abundance and everyone was satisfied.

Incontrò un cervo che gli disse. He met a deer who said to him.

Il boscaiolo raccontò alla sua famiglia cosa era successo. The lumberjack told his family what had happened.

Così avremo sempre cibo per sfamarci! So we will always have food to feed us!

Così diventerò un forte guerriero! So I will become a strong warrior.

Vogliamo il terzo, così saremo belle ed eleganti! We want the third, so we will be beautiful and elegant!

La mattina dopo il boscaiolo tornò nel bosco. The next morning the lumberjack went back into the woods.

Il cervo decise di fare uno strappo alla regola. The deer decided to make an exception to the rule.

Con i tre corni la famiglia visse serenamente nell'abbondanza. With the three horns the family lived peacefully in abundance.

Boscaiolo	lumberjack
povero	poor
recuperare	to retrieve
piangere	to cry
cervo	deer
corna	horns
guerriero	warrior
discutere	to argue
fatato	fairy
regola	rule

48- IL GUARDIANO DEL FARO 48- THE LIGHTHOUSE GUARDIAN

Su un'isola sperduta viveva Pietro, il guardiano del faro. Passava le sue giornate a guardare il cielo e il mare. Raramente incontrava qualche nave che passava di lì e ancor più raramente le navi si fermavano sull'isola. L'unico compito di Pietro era quello di accendere il faro all'imbrunire per le navi di passaggio e poi se ne andava a letto.

Ma una sera, preso da una stanchezza inspiegabile dimenticò di accendere la luce del faro e se ne andò a letto. Cadde in un sonno profondo, ma durante la notte venne svegliato bruscamente: una nave era andata a sbattere sulla scogliera dell'isola provocando un forte rumore di ferraglie. Pietro pensò che stesse sognando, ma le urla dei passeggeri della nave lo svegliarono definitivamente. Accorse immediatamente a riva e si mise subito in azione. Grazie alle scialuppe di salvataggio tutti i passeggeri furono salvi e Pietro si occupò di tutti con estrema generosità per alcuni giorni, finché la nave non venne riparata. Al momento dei saluti Pietro era triste, ma tanto felice per l'avventura vissuta e i passeggeri lo ringraziarono calorosamente.

Ancora oggi, ogni tanto, qualche passeggero della nave va a trovare Pietro al faro.

Peter, the lighthouse keeper, lived on a remote island. He spent his days looking at the sky and the sea. He rarely encountered any ships passing by and even more rarely did the ships stop on the island. Pietro's only task was to turn on the lighthouse at dusk for the passing ships and then he went to bed.

But one evening, seized by inexplicable fatigue, he forgot to turn on the lighthouse and went to bed. He fell into a deep sleep, but during the night he was abruptly awakened: a ship had crashed on the island's reef causing a loud noise of scrap metal. Pietro thought he was dreaming, but the screams of the ship's passengers woke him up for good. He immediately rushed ashore and immediately took action. Thanks to the lifeboats all passengers were safe and Pietro took care of everyone with extreme generosity for a few days, until the ship was repaired. At the time of saying goodbye, Peter was sad, but so happy for the adventure he had experienced and the passengers thanked him warmly.

Even today, from time to time, some passengers on the ship visit Pietro at the lighthouse.

Peter viveva su un'isola sperduta. Peter lived on a remote island.

L'unico compito di Pietro era quello di accendere il faro all'imbrunire per le navi di passaggio. Pietro's only task was to turn on the lighthouse at dusk for the passing ships.

Ancor più raramente le navi si fermavano sull'isola. Even more rarely did the ships stop on the island.

Una nave era andata a sbattere sulla scogliera dell'isola provocando un forte rumore. A ship had crashed on the island's reef causing a loud noise.

Tutti i passeggeri furono salvi. All passengers were safe.

Pietro si occupò di tutti con estrema generosità per alcuni giorni. Pietro took care of everyone with extreme generosity for a few days.

Qualche passeggero della nave va a trovare Pietro al faro. Some passengers of the ship visit Pietro at the lighthouse.

Faro	lighthouse
andare a sbattere	to crash
scogliera	reef/ cliff
passeggero	passenger
sonno profondo	deep sleep
urla	screams
navi di passaggio	passing ships
accendere	to turn on
cielo	sky
mare	sea
sperduto	remote

49- UNA MATITA TUTTA MATTA 49- A ALL CRAZY PENCIL

Mina era una matita tutta matta perché non si comportava affatto come una matita. Fin da primo giorno in cui era stata realizzata e portata in una cartoleria del centro per essere venduta, aveva dato segni di pazzia. Il signor Sergio, cartolaio di grande esperienza, si ritrovava Mina sempre fuori dal barattolo delle matite. Un giorno, addirittura, se le ritrovò tutte a terra. Mina infatti, aveva tentato la fuga e se ne voleva andare in giro per la città.

Un giorno capitò in negozio Marco, che la acquistò insieme al materiale per l'inizio della scuola. Scelse proprio Mina perché gli sembrava che fosse più lucida delle altre, sembrava quasi viva! La matita speciale non perse l'occasione per mostrare la sua particolarità: si intrufolò tra libri e quaderni, bucò la busta che la conteneva e finì tra i giocattoli di Marco. Inutili furono le ricerche della matita, perché Mina si divertiva proprio tanto tra Lego, macchinine e animali di plastica. Marco si rassegnò a chiedere alla mamma una matita nuova, mentre Mina se ne stava nascosta tutto il giorno tra i giochi.

Ma un bel giorno, la mamma si mise a fare le pulizie in camera di Marco: ecco dov'era finita la matita che avevano acquistato! Così la appoggiò sulla scrivania per farla vedere al figlio, ma quando Marco tornò da scuola, la matita era scomparsa di nuovo. Questa volta Mina, per paura di essere scoperta e ingabbiata in un astuccio, aveva preso la direzione della finestra e si era lanciata in giardino in cerca di altre avventure. Nessuno sa dove sia Mina ora!

Mina was a crazy pencil because it didn't act like a pencil at all. From the very first day it was made and taken to a downtown stationery to be sold, it had shown signs of madness. Mr. Sergio, a highly experienced stationer, always found Mina out of the jar of pencils. One day he even found all the pencils on the ground. In fact, Mina had tried to escape and wanted to go around the city.

One day Marco came to the shop and bought it with the material for the start of school. He chose Mina because it seemed to him that it was more lucid than the others, it seemed almost alive! The special pencil did not miss the opportunity to show its uniqueness: it slipped between books and notebooks, punctured the envelope that contained it and ended up among Marco's toys. The research of the pencil was useless, because Mina was having so much fun among Lego, toy cars and plastic animals. Marco resigned himself to asking his mother for a new pencil, while Mina was hiding all day between toys.

But one day, the mother started cleaning Marco's room: that's where the pencil they bought had gone! So she put it on the desk for her son to see, but when Marco came back from school, the pencil had disappeared again. This time Mina, for fear of being discovered and caged in a pencil case, had taken the direction of the window and had launched into the garden in search of other adventures. Nobody knows where Mina is now!

Mina era una matita matta. Mina was a crazy pencil.
Il signor Sergio si trovava Mina sempre fuori dal barattolo delle matite. Mr. Sergio always found Mina out of the jar of pencils.
Un giorno capitò in negozio Marco, che la acquistò insieme al materiale per l'inizio della scuola. One day Marco came to the shop and bought it with the material for the start of school.
Mina si divertiva proprio tanto tra Lego, macchinine e animali di plastica. Mina was having so much fun among Lego, toy cars and plastic animals.
Marco si rassegnò a chiedere alla mamma una matita nuova. Marco resigned himself to asking his mother for a new pencil.
La mamma si mise a fare le pulizie in camera di Marco. The mother started cleaning Marco's room.
Questa volta Mina aveva preso la direzione della finestra. This time Mina had taken the direction of the window.

Matita	Pencil
cartoleria	stationery
pazzia	madness
barattolo	jar
scappare	to escape
viva	alive
quaderni	notebooks
divertirsi	to have fun
nascondersi	to hide
sparire	to disappeared
astuccio	pencil case

50- IL SEMAFORO CHE DAVA I COLORI 50- THE TRAFFIC LIGHT THAT GIVES THE COLORS

C'era volta un semaforo che era stanco di fare tutti i giorni la stessa cosa.

Era stanco di seguire sempre la regola: prima il rosso, poi il verde, infine l'arancione. Ogni giorno gli stessi colori, le stesse macchine e le stesse scene: il pulmino carico di bambini urlanti che andava a scuola alle 7:45, il vecchietto che andava a comprarsi in giornale in bicicletta fischiettando, la mamma di Rosina che si metteva il rossetto quando il semaforo era rosso, il babbo di Paolo che sfrecciava con la sua macchina nuova fiammante per arrivare in tempo in ufficio. Ogni tanto succedeva qualcosa di nuovo per movimentare la sua routine: quella volta che nonna Ada non aveva notato che il semaforo era rosso aveva dovuto frenare all'improvviso per evitare un incidente con Tobia, il panettiere del paese, lasciando due bei segni neri di frenata sull'asfalto. Oppure quella volta che Tino il contadino trasportava un carro pieno di uva per andare alla cantina sociale: all'improvviso si era aperto il cassone e tutti i grappoli erano finiti sulla strada bloccando il traffico.

Il semaforo si era divertito, sì, ma cercava il brivido.

Così, un giorno si ribellò! Decise di dare i colori! Sì, sì, avete capito bene, i colori!

Cominciò con il verde: gli automobilisti tranquilli passavano, ma all'improvviso, poco prima della striscia bianca scattava il rosso e gli automobilisti confusi erano costretti a brusche frenate. Oppure, subito dopo il rosso faceva scattare l'arancione e gli automobilisti non sapevano se potevano ripartire lentamente o stare fermi.

Un giorno addirittura dopo l'arancione scattò il verde e gli automobilisti ripartirono, ma poi improvvisamente arrivò il rosso e si crearono vari tamponamenti sulla strada che fecero intervenire la polizia e i vigili del fuoco. E il semaforo se la rideva sotto i baffi godendosi gli spettacoli.

Dal canto loro, gli automobilisti, non sapevano più cosa aspettarsi dal semaforo, c'era sempre la paura che scattasse all'improvviso un colore nuovo. Molti, per evitare incidenti prendevano altre strade, allungando il loro percorso.

Alla fine il semaforo venne mandato all'officina delle riparazioni e sostituito con un semaforo più affidabile.

Once there was a traffic light that he was tired of doing the same thing every day.

He was tired of always following the rule: first red, then green, finally orange. Every day the same colors, the same cars and the same scenes: the minibus loaded with screaming children went to school at 7:45 am, the old man who went to buy the newspaper on a bicycle whistling, Rosina's mother put on lipstick when the traffic light was red, Paolo's father whizzing by in his shiny new car to get to the office on time. Every now and then something new happened to enliven her routine: one time the grandma Ada hadn't noticed that the traffic light was red she had to brake suddenly to avoid an accident with Tobia, the town baker, leaving two black braking marks on the asphalt. Or that time when Tino the farmer was carrying a wagon full of grapes to go to the social cellar: suddenly the box was opened and all the grapes ended up on the road blocking traffic.

The traffic light had enjoyed it, yes, but he was looking for the thrill.

So, one day he rebelled! He decided to give the colors! Yes, yes, you got it right, the colors!

It began with the green: quiet motorists passed by, but suddenly, just before the pedestrian crossing, the red one clicked and confused who were forced to brake sharply. Or, immediately after the red triggered the orange and the drivers did not know if they could start slowly or stay still.

One day even later the orange turned green and the motorists set off again, but then suddenly the red one arrived and various rear-end collisions were created on the road which caused the police and firefighters to intervene. And the traffic light was laughing under his breath while enjoying the shows.

For their part, motorists no longer knew what to expect from the traffic lights, there was always the fear that a new color would suddenly take off. Many, to avoid accidents, took other roads, lengthening their path.

Eventually the traffic light was sent to the repair shop and replaced with a more reliable one.

C'era volta un semaforo che era stanco di fare tutti i giorni la stessa cosa. Once there was a traffic light that he was tired of doing the same thing every day.

Il pulmino carico di bambini urlanti andava a scuola alle 7:45. The minibus loaded with screaming children went to school at 7:45 am.

Quella volta che nonna Ada non aveva notato che il semaforo era rosso. One time the grandma Ada hadn't noticed that the traffic light was red.

All'improvviso si era aperto il cassone e tutti i grappoli erano finiti sulla strada bloccando il traffico. Suddenly the box was opened and all the grapes ended up on the road blocking traffic.

Così un giorno si ribellò. So, one day he rebelled.

Era stanco di seguire sempre le regole. He was tired of always following the rule.

Il semaforo si era divertito, sì, ma cercava il brivido. The traffic light had enjoyed it, yes, but he was looking for the thrill.

C'era sempre la paura che scattasse all'improvviso un colore nuovo. There was always the fear that a new color would suddenly take off.

Il semaforo venne mandato all'officina delle riparazioni e sostituito con un semaforo più affidabile. The traffic light was sent to the repair shop and replaced with a more reliable one.

Semaforo	traffic light
ribellarsi	to rebel
incidente	accident
strisce pedonali	pedestrian crossing
automobilisti	motorists
giornale	newspaper
bloccare il traffico	to block traffica
colori	colors
brivido	thrill
vigili del fuoco	firefighters
polizia	police

51- LA STREGA DISPETTINA 51- THE WITCH DISPETTINA

Tra le tante streghe che esistono al mondo ce n'è una che ama molto fare i dispetti e combinare dei guai in giro. Questa streghetta si chiama proprio Dispettina e non si sa come mai, ma concentra i suoi dispetti proprio sui bambini. In particolare su quelli che vanno a scuola.

Si fa piccola piccola e si nasconde nelle classi: da quella posizione può vedere tutto senza farsi notare. Tira fuori la sua bacchetta e zac, con un piccolo incantesimo fa comparire sui quaderni dei bambini dei piccoli errori.

Un giorno Martina, bimba diligente e sempre preparata, stava eseguendo un'operazione sul quaderno, facendo molta attenzione a calcolare in modo corretto i numeri. Scrive il risultato e zac, Dispettina ci mette lo zampino e cambia il numero 9 con il numero 7. Quando la maestra corresse i quaderni, si stupì di trovare un errore nel quaderno di Martina.

Un altro giorno, a Tommaso è capitato che, mentre scriveva un dettato è sfuggita qualche lettera, perché Dispettina ci aveva messo lo zampino, e si ritrovò un bel votaccio della maestra. Infatti sul quaderno c'era scritto: "Il cagolino Billy correva dietro ad un ragno che aveva tre zampette. Non si accorse che c'era un ricco e si punse con i suoi aculei". Quanti errori!

E Dispettina se la ride ogni volta che porta a compimento uno dei suoi scherzetti. Quando pernsa che in quella classe abbiamo fatto abbastanza danni, se ne va in un'altra classe e mette in atto i suoi incantesimi. Perciò se anche a te sono capitati questi errori inspiegabili, sappi che è tutta colpa di Dispettina che ha messo piede nella tua classe.

Among the many witches that exist in the world, there is one who loves to mischief and mess around. This little witch is called Dispettina and no one knows why, but she focuses her mischief on children. Particularly on those who go to school.

She makes herself small and hides in the classrooms: from that position she can see everything without being noticed. She takes out his wand and "zac", with a little spell she makes small mistakes appear in the children's notebooks.

One day Martina, a diligent and always prepared child, was carrying out an operation on the notebook, taking great care to calculate the numbers correctly. She writes the result and "zac", Dispettina puts a hand in it and changes the number 9 to the number 7. When the teacher corrected the notebooks, she was surprised to find a mistake in Martina's notebook.

Another day, it happened to Tommaso that, while he was writing a dictation, he missed a few letters, because Dispettina had a hand in it, and he found a bad vote from the teacher. In fact, in the notebook it was written: "The little dog Billy was running after a spider that had tree legs. He did not notice that there was a hedgehog and he stung himself with his quilt ". How many mistakes!

And Dispettina laughs every time she does one of her jokes. When she finds out that we have done enough damage in that class, she goes to another class and performs his spells. So if these inexplicable mistakes have happened to you too, know that it is all the fault of Dispettina who has set foot in your class.

Si fa piccola piccola e si nasconde nelle classi. She makes herself small and hides in the classrooms.

Da quella posizione può vedere tutto senza farsi notare. From that position she can see everything without being noticed.

Fa comparire sui quaderni dei bambini dei piccoli errori. She makes small mistakes appear in the children's notebooks.

Dispettina se la ride ogni volta che porta a compimento uno dei suoi scherzetti. Dispettina laughs every time she does one of her jokes.

Mentre scriveva un dettato gli è sfuggita qualche lettera. While he was writing a dictation, he missed a few letters.

Se ne va in un'altra classe e mette in atto i suoi incantesimi. She goes to another class and performs his spells.

Sappi che è tutta colpa di Dispettina che ha messo piede nella tua classe. Know that it is all the fault of Dispettina who has set foot in your class.

Errore	mistake
classe	classroom
dettato	dictation
scherzetti	jokes
voto	vote
bacchetta	wand
dispetto	mischief
riccio	hedgehog

52- IL TOPINO DEI DENTINI 52- THE MOUSE OF THE TEETH

In ogni famiglia sappiamo che esiste un topino dei dentini, ovvero, quel topino che quando qualche bambino perde i suoi dentini intorno ai 5 anni, lui se lo porta via e lo aggiunge alla sua collezione e in cambio lascia un soldino al bambino per ringraziarlo.

Ettore aveva cinque anni e mezzo e il suo primo dentino era in procinto di staccarsi completamente. Non aveva molta fiducia in queste strane storie sui topini dei denti e non amava andare in giro sdentato, così, si teneva il dente che penzolava gelosamente custodito in bocca.

Evitava di giocare con gli altri bambini, di correre e di tirare il pallone per paura che qualche colpo gli facesse abbandonare il suo denti. Non capiva proprio perché era necessario cambiare questi denti!

Una notte, però, il topino, stanco di aspettare il dentino di Ettore, dato che aveva altri bambini in lista che stavano per perdere un dentino, decise di intervenire direttamente: mentre il bambino dormiva, piano piano si avvicinò al letto, aprì lentamente la bocca e si prese quel dentino senza fare nemmeno troppa fatica, dato che era quasi completamente staccato. Se ne andò in fretta e furia dopo aver lasciato sotto il cuscino di Ettore un soldino.

Al mattino, Ettore si alzò per andare a scuola, andò in bagno e mentre si lavava il viso si accorse che aveva qualcosa di strano. Il dentino era scomparso!!! E se l'avesse ingoiato? Oddio, il suo primo dentino era scomparso senza che lui se ne accorgesse, che disdetta!

 Mentre era sul letto disperato perché aveva perso il suo dentino, vide un piccolo bagliore provenire da sotto il cuscino. Era il soldino lasciato dal topino! Allora era vero che esisteva il topino dei denti! Non aveva mai visto una moneta così lucida, davvero speciale!

Con quel soldino si consolò e cominciò subito a sentire lo stato dei suoi dentini, perché non vedeva l'ora che il topino gli portasse il prossimo soldino.

In every family we know there is a little mouse of the teeth, that is, that little mouse that when some child loses his teeth around the age of 5, he takes it away and adds it to his collection and in exchange leaves a penny to the child to thank him.

Ettore was five and a half years old and his first tooth was about to come off completely. He did not have much faith in these strange stories about tooth mice and did not like to go around toothless, so, he kept the dangling tooth jealously guarded in his mouth.

He avoided playing with other children, running and throwing the ball for fear that a few shots would make him leave his teeth. He just didn't understand why it was necessary to change these teeth!

One night, however, the little mouse, tired of waiting for Ettore's tooth, since he had other children on the list who were about to lose a tooth, decided to intervene directly: while the child was sleeping, he slowly approached the bed, slowly opened the mouth and took that tooth without even making too much effort, since it was almost completely detached. He left in a hurry, leaving a penny under Ettore's pillow.

In the morning, Ettore got up to go to school, went to the bathroom and while he was washing his face he noticed that something was wrong. The tooth was gone !!! What if he had swallowed it? God, his first tooth had disappeared without his noticing, what a bummer!

While he was on the bed desperate because he had lost his tooth, he saw a small glow coming from under the pillow. It was the penny left by the mouse! Then it was true that there was a tooth mouse! He had never seen such a shiny coin, really special!

With that penny he consoled himself and immediately began to feel the state of his teeth, because he couldn't wait for the mouse to bring him the next penny.

Quel topolino che lo porta via e lo aggiunge alla sua collezione e in cambio lascia un penny al bambino per ringraziarlo. That little mouse that takes it away and adds it to his collection and in exchange leaves a penny to the child to thank him.

Ettore aveva cinque anni e mezzo e il suo primo dentino era in procinto di staccarsi completamente. Ettore was five and a half years old and his first tooth was about to come off completely.

Evitava di giocare con gli altri bambini, di correre e di tirare il pallone. He avoided playing with other children, running and throwing the ball

Mentre il bambino dormiva, piano aprì lentamente la bocca e si prese quel dentino. While the child was sleeping, he slowly opened the mouth and took that tooth.

Se ne andò in fretta lasciando un penny sotto il cuscino di Ettore. He left in a hurry, leaving a penny under Ettore's pillow.

Il suo primo dentino era scomparso senza che lui se ne accorgesse, che disdetta! His first tooth had disappeared without his noticing, what a bummer!

Perché non vedeva l'ora che il topino gli portasse il prossimo soldino. Because he couldn't wait for the mouse to bring him the next penny.

Topo	mouse
denti	teeth
dormire	to sleep
bocca	mouth
stanco	tired
avvicinarsi	to approach
cuscino	pillow
ingoiare	to swallow

53- IL CAPPELLO MAGICO 53- THE MAGIC HAT

Merlino ha un cappello nuovo: è a punta e ha stelle dorate su velluto rosso.

Il piccolo mago cammina felice per strada, quando viene colpito da una violenta raffica di vento. Il vento spazza via il cappello dalla sua testa e lo trascina oltre il recinto.

- Fermo! -grida Merlino.

Che sfortuna! Il cappello è finito proprio nel giardino della strega Dente di ferro, che tutti chiamano così a causa del suo canino di ferro. Tutti la evitano perché è sempre di cattivo umore.

- E adesso che faccio?- si lamenta Merlino. Deve forse lasciare il suo cappello nelle mani della strega?

Ora anche lui è di pessimo umore. Si arrampica controvoglia sul recinto.

Il suo vestito però, rimane impigliato. Il piccolo mago si dimena e cerca di liberarsi.

- Stupido recinto!- grida furioso.
All'improvviso sente una forte risata: Dente di ferro è in piedi di fronte a lui!
- Che cosa ci fai qui?- ridacchia la strega.
- Devo riprendere il mio cappello.- borbotta Merlino.
- Sei tutto spettinato!- ride la strega, -Sei buffo! Era una vita che non ridevo così tanto!
- Ed è una cosa buona?-, chiede Merlino.
- Certo che lo è!- risponde Dente di ferro.
La strega aiuta Merlino a liberarsi e gli restituisce il cappello.
- Ti va un po' di cioccolata con la panna?- domanda Dente di ferro, - E' la ricompensa per avermi fatto ridere.
- Certo, grazie!- risponde il piccolo mago. Che fortuna, non solo Merlino ha riavuto indietro il suo cappello, ma ha anche trovato una nuova amica.

Merlin has a new hat: it is pointed and has gold stars on red velvet.
The little wizard walks happily down the street when he is hit by a violent gust of wind. The wind blows the hat off his head and pulls him over the fence.
- Stop! -cries Merlin.
What a misfortune! The hat ended up in the garden of the Iron Tooth witch, which everyone calls in that way because of her iron canine. Everyone avoids her because she is always in a bad mood.
- What do I do now? - Merlin complains. Should he leave his hat in the witch's hands?
Now he's in a bad mood too. She reluctantly climbs the fence.
His dress, however, remains entangled. The little wizard squirms and tries to break free.
- Stupid fence! - he shouts furiously.
Suddenly he hears a loud laugh: Iron Tooth is standing in front of him!
- What are you doing here? - the witch chuckles.
- I have to get my hat back. - Merlin mumbles.
- You're all disheveled! - laughs the witch, -You're funny! It was a life that I didn't laugh so much!
- And is it a good thing? - asks Merlin.
- Of course it is! - answers Iron Tooth.
The witch helps Merlin free himself and returns his hat.
- Would you like some chocolate with cream? - asks Iron Tooth, - It's the reward for making me laugh.
- Sure, thanks! - replies the little wizard. How lucky, not only did Merlin get his hat back, but he also found a new friend.

E' a punta e ha stelle dorate su velluto rosso. It is pointed and has gold stars on red velvet.
Il piccolo mago cammina felice per strada. The little wizard walks happily down the street.
Il cappello è finito proprio nel giardino della strega Dente di ferro. The hat ended up in the garden of the Iron Tooth witch.
Tutti la evitano perché è sempre di cattivo umore. Everyone avoids her because she is always in a bad mood.
Il piccolo mago si dimena e cerca di liberarsi. The little wizard squirms and tries to break free.
La strega aiuta Merlino a liberarsi e gli restituisce il cappello. The witch helps Merlin free himself and returns his hat.
Non solo Merlino ha riavuto indietro il suo cappello, ma ha anche trovato una nuova amica. Not only did Merlin get his hat back, but he also found a new friend.

Stelle	stars
velluto	velvet
raffica di vento	gust of wind
recinto	fence
sfortuna	misfortune
cattivo umore	bad mood
loud	forte
lamentarsi	to complain

ricompensa	reward
spettinato	disheveled

54- LA BOTOLA NASCOSTA 54- THE HIDDEN HATCH

In una notte buia e silenziosa Nico e Max, senza fare il minimo rumore si alzarono dal letto e andarono in salotto. Sollevarono il tappeto e trovarono la misteriosa botola di cui parlava sempre il papà. Non avevano il permesso di aprirla e questo aveva acceso in loro la curiosità.

I due fratelli accesero la torcia elettrica e scesero lentamente le scale senza farsi sentire dai genitori che dormivano. Puntando la luce si trovarono davanti a loro un ampio garage dove c'erano macchinari di ogni genere con tubi, pompe, piccole cisterne. Le osservarono attentamente, una per una senza capire di che tipo di macchinari si trattasse. Continuando a perlustrare tutta la stanza trovarono appesa al muro una strana foto con alcuni signori con i cappelli a cilindro che orgogliosamente tenevano in mano una sorta di documento. Chi erano quei signori? Che cosa c'era scritto in quel documento?

Uscirono da lì senza alcuna riposta e decisero di continuare ad indagare il giorno successivo.

Riposero tutto in perfetto ordine e tornarono a letto, senza però riuscire a dormire: avevano troppe domande senza risposta per poter dormire, troppe supposizioni affollavano la loro mente.

Il giorno successivo come se la notte precedente non fosse successo nulla fecero colazione, andarono a scuola e intanto continuavano a pensare al misterioso ritrovamento in casa loro. A quel punto, l'unica cosa da fare era affrontare direttamente i genitori e chiedere a loro tutte le spiegazioni di ciò che avevano visto. A cena affrontarono l'argomento. Il papà sapeva che prima o poi avrebbe dovuto affrontare l'argomento, così, iniziò a raccontare:

- Cari ragazzi, dovete sapere che vostro nonno era uno scienziato molto curioso e ribelle! Tutti quei macchinari erano suoi e dobbiamo tenerli nascosti perché lui aveva scoperto una cosa molto importante che non ha potuto portare a compimento perché ci ha lasciato prima.

Il nonno aveva scoperto come raddoppiare e triplicare il cibo, sì, avete capito proprio bene! Mettendo, ad esempio, una mela in una delle macchine, possiamo ottenerne due e persino tre.

I due fratelli rimasero sbalorditi e non riuscivano a credere alle loro orecchie! Che nonno speciale avevano! Che meravigliosa scoperta!

Mantenerò il segreto a lungo, fino a quando non resero noto a tutti la scoperta del nonno, dopo averci lavorato abbondantemente nei mesi successivi precedenti.

On a dark and silent night Nico and Max, without making the slightest noise, got out of bed and went into the living room. They lifted the carpet and found the mysterious trap door Dad always talked about. They were not allowed to open it and this sparked their curiosity.

The two brothers turned on the flashlight and walked slowly down the stairs without being heard by their sleeping parents. Pointing the light, they found a large garage in front of them where there were all kinds of machinery with pipes, pumps, small tanks. They looked at them carefully, one by one, without understanding what kind of machinery they were. Continuing to search the whole room, they found a strange photo hanging on the wall with some gentlemen with top hats proudly holding some sort of document in their hands. Who were those gentlemen? What was written in that document?

They left there with no answer and decided to continue investigating the next day.

They rested everything in perfect order and went back to bed, but without being able to sleep: they had too many unanswered questions to be able to sleep, too many suppositions crowded their minds.

The next day, as if nothing had happened the previous night, they had breakfast, went to school and meanwhile continued to think about the mysterious discovery in their home. At that point, the only thing to do was to face the parents directly and ask them for all the explanations of what they had seen. At dinner they broached the subject. The father knew that sooner or later he would have to deal with the subject, so he began to tell:

- Dear guys, you must know that your grandfather was a very curious and rebellious scientist! All those machines were at him and we have to keep them hidden because he had discovered something very important that he couldn't complete because he left us earlier.

Grandpa had discovered how to double and triple the food, yes, you got it right! Putting, for example, an apple in one of the machines, we can get two and even three.

The two brothers were stunned and couldn't believe their ears! What a special grandfather they had! What a wonderful find!

They kept the secret for a long time, until they made known to everyone the discovery of their grandfather, after having worked extensively on it in the following previous months.

Non avevano il permesso di aprirla. They were not allowed to open it

C'erano macchinari di ogni genere con tubi, pompe, piccole cisterne. There were all kinds of machinery with pipes, pumps, small tanks.

Riposero tutto in perfetto ordine. They rested everything in perfect order.

L'unica cosa da fare era affrontare direttamente i genitori. The only thing to do was to face the parents directly.

Il papà sapeva che prima o poi avrebbe dovuto affrontare l'argomento. The father knew that sooner or later he would have to deal with the subject.

Il nonno aveva scoperto come raddoppiare e triplicare il cibo. Grandpa had discovered how to double and triple the food.

I due fratelli rimasero sbalorditi. The two brothers were stunned.

Scienziato	scientist
nascondere	to hidden
scoperta	find
strano	strange
affrontare	to face
argomento	subject
prima o poi	sooner or later
indagare	to investigate
macchinari	machinery
dinner	cena
segreto	secret

55- GLI STICKER PRENDONO VITA 55- STICKERS COME TO LIFE

Nella camera di Martin ci sono tantissimi adesivi che lui ha attaccato ovunque: sugli armadi, sulla porta, sulla scrivania e persino sui vetri. Martin adora gli adesivi, si diverte ad attaccarli anche sui quaderni e la mamma gliene regala ad ogni occasione. Avere la camera piena di colori e di personaggi gli piace, si sente meno solo, dato che è figlio unico e ha sempre qualcuno che gli tiene compagnia, sia di giorno che di notte. Talvolta ci parla anche con quei Superman, Batman e Tartarughe Ninja.

C'è una cosa che non sapete e nemmeno Martin sa: ogni mattina, quando il bambino va a scuola nella sua camera succedono cose magiche. Gli adesivi prendono vita, si staccano dalle pareti e dai mobili e giocano, parlano, saltano, insomma succede una vera e propria rivoluzione in quella camera. Il capo Hulk appena sente chiudere la porta dice a tutti che si possono animare. Minnie e Topolino hanno l'occasione per starsene un po' insieme, le Tartarughe Ninja si allenano saltando dal letto al comodino e talvolta rimangono attaccati al vetro della finestra e tocca ad Hulk andare a staccarle. Superman fa le prove di volo e ogni tanto salva qualche fanciulla in pericolo, mentre Spiderman scende dal soffitto lentamente per verificare la tenuta della sua ragnatela.

Dovete saper che Martin sa esattamente dove ha attaccato ognuno dei suoi stiker e per questo, un bel giorno al suo rientro da scuola, ha trovato molto strano che Capitan America fosse finito proprio sulla testiera del letto! Ci pensò su e si convinse che la mamma, ripulendo la stanza aveva fatto cadere il super eroe e l'aveva riattaccato dove aveva trovato posto. Ma qualche giorno dopo anche Harry Potter era finito da tutt'altra parte! Decide di chiedere alla mamma, ma lei negò di aver riattaccato i suoi sticker. Così Martin iniziò ad indagare a fondo: cosa succedeva in quella stanza?

Un bel giorno prese la telecamera interna che il papà posizionava vicino alla porta d'ingresso per vedere se durante la loro assenza entravano dei ladri. Andò a scuola e al rientro, impaziente di controllare cosa aveva registrato la telecamera, si chiuse nello studio con la scusa di dover fare una ricerca per la scuola e ...sorpresa! La registrazione mostrava che tutti i suoi sticker si staccavano dalle pareti e prendevano vita! Che meravigliosa scoperta per Martin! Sapeva che i suoi sticker erano speciali!

A quel punto decise di parlare a tutti i suoi adesivi:

- Cari personaggi, so che quando io vado a scuola voi vi svegliate e cominciate a staccarvi! Vi chiedo una cortesia: ormai ho scoperto il vostro segreto, quindi, staccatevi liberamente ogni volta che volete, anche quando io sono qui con voi, così possiamo giocare insieme e conoscerci meglio.

Timidamente. Il possente Hulk sollevò il pollice in segno di approvazione e diede il segnale a tutti gli adesivi di staccarsi. Martin fu così felice della compagnia dei suoi sticker che non si sentì più solo.

In Martin's bedroom, there are tons of stickers that he has stuck everywhere: on the wardrobe, on the door, on the desk and even on the glass. Martin loves stickers, he likes to stick them even on notebooks and his mother gives him some at every good occasion. He likes having a room full of colors and characters, he feels less alone, since he is an only child and always has someone to keep him company, both day and night. Sometimes he also talks to them, with Superman, Batman and Ninja Turtles.

There is one thing you don't know and neither does Martin know: every morning, when the child goes to school in his room, magical things happen. The stickers come to life, they detach from the walls and furniture and play, talk, jump, in short, a real revolution happens in that room. The Hulk boss as soon as he hears the door close say to everyone gets animated. Minnie and Mickey Mouse have the opportunity to hang out for a while, the Ninja Turtles train by jumping from the bed to the nightstand and sometimes they remain attached to the window pane and it's up to Hulk to go and detach them. Superman does flight tests and occasionally saves some girls in danger, while Spiderman slowly descends from the ceiling to check the tightness of his web.

You must know that Martin knows exactly where he has attached each of his stikers and for this reason, one fine day on his return from school, he found it very strange that Captain America had ended up right on the head of his bed! He thought about it and was convinced that his mother, by cleaning up the room, had dropped the super hero and hung him up where she had found a place. But a few days later even Harry Potter had ended up somewhere else! He decides to ask his mother, but she denied having hung up his stickers. So Martin began to investigate thoroughly: what was going on in that room?

One day he took the internal camera that his father placed near the entrance door to see if thieves entered during their absence. He went to school and on his way back, eager to check what the camera had recorded, he locked himself in the studio with the excuse of having to do a research for the school and ... surprise! The recording showed all of his stickers peeling off the walls and coming to life! What a wonderful find for Martin! He knew his stickers were special!

At that point he decided to talk to all his stickers:

- Dear characters, I know that when I go to school you wake up and start to break away! I ask you a courtesy: by now I have discovered your secret, therefore, detach yourself freely whenever you want, even when I am here with you, so we can play together and get to know each other better.

Timidly. The mighty Hulk raised his thumb in approval and gave the signal for all stickers to peel off. Martin was so happy with the company of his stickers that he no longer felt alone.

Nella camera di Martin ci sono tantissimi adesivi. In Martin's bedroom, there are tons of stickers.

Avere la camera piena di colori e di personaggi gli piace, si sente meno solo. He likes having a room full of colors and characters, he feels less alone.

Gli adesivi prendono vita, si staccano dalle pareti. The stickers come to life, they detach from the walls.

Ogni mattina, quando il bambino va a scuola nella sua camera succedono cose magiche. Every morning, when the child goes to school in his room, magical things happen.

Dovete saper che Martin sa esattamente dove ha attaccato ognuno dei suoi stiker. You must know that Martin knows exactly where he has attached each of his stikers

Il possente Hulk sollevò il pollice in segno di approvazione The mighty Hulk raised his thumb in approval

figurine	stickers
attaccare	to stick
staccare	to detach
desideroso	eager
personaggi	characters
pollice	thumb
sentirsi solo	to feel alone
soffitto	ceiling
ladri	thieves
muro	wall

STORIE DI VITA QUOTIDIANA

EVERYDAY LIFE STORIES

56- AUTUNNO IN CAMPAGNA 56- AUTUMN IN THE COUNTRYSIDE

In autunno le foglie di molti alberi si colorano di giallo e rosso. Il contadino in campagna ha arato la terra e seminato il grano. Nella vigna l'uva è matura e i contadini vanno a raccoglierla con grandi cesti. Le rondini hanno lasciato i loro nidi e sono partite per paesi più caldi. Il sole ha perso un po' del suo calore. Le api hanno chiuso la porta del loro alveare in attesa della primavera. I bambini tornano a casa da scuola e nei prati calpestano il tappeto di foglie colorate. La natura si prepara al lungo sonno dell'inverno.

In autumn, the leaves of many trees turn yellow and red. The farmer in the countryside plowed the land and sowed wheat. In the vineyard the grapes are ripe and the farmers go to pick them with large baskets. The swallows left their nests and left for warmer countries. The sun has lost some of its heat. The bees have closed the door of their hive in anticipation of spring. The children come home from school and trample the carpet of colorful leaves in the meadows. Nature prepares for the long winter sleep.

In autunno le foglie di molti alberi si colorano di giallo e rosso. In autumn, the leaves of many trees turn yellow and red.
Il sole ha perso un pò del suo calore. The sun has lost some of its heat
I bambini tornano a casa da scuola. The children come home from school.
La natura si prepara al lungo sonno dell'inverno. Nature prepares for the long winter sleep.
Le rondini hanno lasciato i loro nidi. The swallows left their nests.

Foglie	leaves
contadino	farmer
arare	to plow
seminare	to sow
nido	nest
maturo	ripe
api	bees
inverno	winter

57- IL REGALO DI ARTURO 57- THE GIFT OF ARTURO

Una domenica mattina Arturo stava seduto nel giardino di casa e giocherellava con il suo cane. Il sole scaldava ogni cosa, anche se presto sarebbero arrivate le giornate invernali più rigide. Ogni tanto alzava gli occhi per guardare le nubi scure che coprivano il sole. Vedeva le rondini che volavano alte e si preparavano a migrare. Proprio in quel momento arrivò la nipotina Olga in bicicletta. Era il giorno del suo compleanno. Il nonno la aspettava, voleva farle gli auguri. Entrò in casa e prese un libretto con le pagine rosa piene di belle storie ed una penna colorata. La nipotina fu molto contenta di quei regali. Fecero merenda insieme con una buonissima ciambella e un bicchiere di latte. Prima che il sole tramontasse Olga ripartì con la sua bicicletta per tornare a casa. Ogni sera la mamma o il papà leggono una storia dal libro che le ha regalato il nonno per far addormentare la bambina e aspettano finché ha gli occhi ben chiusi.

One Sunday morning Arturo was sitting in the garden of his house and playing with his dog. The sun warmed everything, even if the coldest winter days would soon arrive. From time to time he raised his eyes to look at the dark clouds covering the sun. He saw the swallows flying high and preparing to migrate. Just then his granddaughter Olga arrived on a bicycle. It was her birthday. The grandfather was waiting for her, he wanted to wish her well. He went into the house and took a booklet with pink pages full of beautiful stories and a colored pen. The granddaughter was very happy with those gifts. They had a snack together with a delicious donut and a glass of milk. Before the sun set Olga set off on her bicycle to go home.

Every evening, mum or dad read a story from that book her grandfather gave her. They wait until her eyes are closed.

Arturo stava seduto nel giardino. Arturo was sitting in the garden.

Il sole scaldava ogni cosa. The sun warmed everything

Vedeva le rondini che volavano alte e si preparavano a migrare. He saw the swallows flying high and preparing to migrate.

Arrivò la nipotina Olga in bicicletta. His granddaughter Olga arrived on a bicycle.

Voleva farle gli auguri. He wanted to wish her well.

La nipotina fu molto contenta di quei regali. The granddaughter was very happy with those gifts.

Olga ripartì con la sua bicicletta per tornare a casa. Olga set off on her bicycle to go home.

Compleanno	birthday
nipotina	granddaughter
nonno	grandfather
nubi scure	dark clouds
libretto	booklet
doni	gifts
ciambella	donut
latte	milk

58- DETECTIVE IN VACANZA 58- DETECTIVE ON HOLIDAY

Ben e Vincenzo stanno andando al campeggio insieme. Durante le ferie vogliono giocare a fare i detective. Ben fa vedere al suo amico un foglio di carta.

- Tutti i detective usano una lingua segreta. Dobbiamo crearne una anche noi -dice -e se diamo alle parole un significato diverso nessuno ci capirà.

- E' vero!- esclama Vincenzo – Per esempio, "è arrivato lunedì" potrebbe significare "il ladro è scappato!

Finalmente i due amici arrivano al campeggio. All'ingresso c'è un grosso cartello:

ATTENZIONE AI FURTI! NEGLI ULTIMI GIORNI SI SONO VERIFICATI FURTI DI CELLULARI E MACCHINE FOTOGRAFICHE. PRESTARE ATTENZIONE AI PROPRI OGGETTI DI VALORE.

Questo è un caso perfetto per Bene e Vincenzo. I due scendono dall'auto euforici e prendono subito le loro ricetrasmittenti. Come dei veri detective osservano tutto con grande attenzione.

Vincenzo va a controllare in mezzo alle tende. Ben sorveglia la spiaggia.

Improvvisamente intercettano un messaggio sospetto con le loro ricetrasmittenti: -Ho messo il bottino nella valigia. Scappiamo in fretta!- dice una voce sconosciuta.

- Va bene- risponde un altro sconosciuto -ti aspetto al cancello con la macchina, così potremo scappare in fretta!

Ben e Vincenzo capiscono al volo: anche i ladri stanno utilizzando delle ricetrasmittenti, quindi possono sentire i loro discorsi.

Per fortuna i ladri non conoscono la loro lingua segreta.

- Chiamo la polenta!(che nella loro lingua segreta è "la polizia")- dice Ben con la sua ricetrasmittente.

- E io fermo i lunedì! (lunedì è il nome che hanno dato ai ladri)- ribatte Vincenzo.

Poco dopo un uomo si sta affrettando verso l'uscita con la sua valigia. Ma Vincenzo ha chiuso il cancello e lo ha bloccato con delle pietre enormi. I ladri ci mettono un po' per aprirlo, ma quando ci riescono, arriva la polizia.
-Altolà- gridano i poliziotti!
I due amici avevano ragione: la valigia è piena di macchine fotografiche e di cellulari rubati!
-Ottimo lavoro -si congratula il comandante dell'unità operativa con Ben e Vincenzo.
- Siete davvero due detective formidabili!
I due amici sono molto orgogliosi e non vedono l'ora di dedicarsi al prossimo caso.

Ben and Vincenzo are going to the campsite together. During their holidays they want to play detective. Ben shows his friend a sheet of paper.
- All detectives use a secret language. We must create one too - he says - and if we give the words a different meaning no one will understand us.
- It's true! - exclaims Vincenzo - For example, "Monday has arrived" could mean "the thief has escaped!"
Finally the two friends arrive at the campsite. At the entrance there is a large sign:
BEWARE OF THEFT! IN THE LAST DAYS THERE HAVE BEEN THEFT OF MOBILE PHONES AND CAMERA. PAY ATTENTION TO YOUR VALUABLE OBJECTS.
This is a perfect case for Ben and Vincenzo. The two get out of the car euphoric and immediately take their two-way radios. Like real detectives, they observe everything with great attention.
Vincenzo goes to check in the middle of the tents. Ben guard the beach.
Suddenly they intercept a suspicious message with their two-way radios: -I put the loot in the suitcase. Let's run away quickly! - says an unknown voice.
- Okay - another stranger replies - I'll wait for you at the gate with the car, so we can escape quickly!
Ben and Vincenzo understand on the fly: even the thieves are using two-way radios, so they can hear their speeches.
Fortunately, the thieves don't know their secret language.
- I call the polenta! (Which in their secret language is "the police") - Ben says with his radio.
- And I stop on Mondays! (Monday is the name they gave to the thieves) - Vincenzo replies.
Shortly after a man is hurrying towards the exit with his suitcase. But Vincenzo closed the gate and blocked it with huge stones. The thieves take a while to open it, but when they do, the police arrive.
-Altolà- the policemen shout!
The two friends were right: the suitcase is full of stolen cameras and cell phones!
- Excellent work - congratulates the commander of the operational unit with Ben and Vincenzo.
- You really are two formidable detectives!
The two friends are very proud and can't wait to devote themselves to the next case.

Ben e Vincenzo stanno andando al campeggio insieme. Ben and Vincenzo are going to the campsite together.
Tutti i detective usano una lingua segreta. All detectives use a secret language.
Negli ultimi giorni si sono verificati furti di cellulari e macchine fotografiche. In the last days there have been theft of mobile phones and camera.
Osservano tutto con grande attenzione. They observe everything with great attention.
Per fortuna i ladri non conoscono la loro lingua segreta.
Fortunately, the thieves don't know their secret language.
Vincenzo ha chiuso il cancello e lo ha bloccato con delle pietre enormi. Vincenzo closed the gate and blocked it with huge stones.
I due amici sono molto orgogliosi . The two friends are very proud.
La valigia è piena di macchine fotografiche e di cellulari rubati! The suitcase is full of stolen cameras and cell phones!
Improvvisamente intercettano un messaggio sospetto con le loro ricetrasmittenti. They intercept a suspicious message with their two-way radios.

Macchina fotografica	camera
cellulari	cell phone

ladro	thief
valigia	suitcase
rubato	stolen
bottino	loot
polizia	police
oggetti di valore	valuable objects

59- UNA BELLA SORPRESA 59- A NICE SURPRISE

Anna sta controllando i suoi vecchi giocattoli. Domani c'è il mercatino delle pulci a scuola e i bambini potranno vendere gli oggetti che non usano più. E sicuramente non sono pochi!
Anna prende le costruzioni e i vestiti delle bambole e li mette in una scatola.
Ma che fare con il suo orsacchiotto? Ci tiene molto, ma non è forse troppo grande per i pupazzi?
Alla fine Anna supera le sue esitazioni.
- Ciao amico mio! - dice la bambina baciando il naso morbido dell'orsacchiotto. Poi lo mette nella scatola.
Il giorno dopo sistema le sue cose sul banco di vendita.
-Ma come, vuoi vendere il tuo orsacchiotto?- le chiede la sua amica Lea.
Anna annuisce, ma ha un nodo alla gola.
Anche Lea vuole vendere il suo pupazzo preferito: - Anche io ho deciso di separarmi dal mio coniglietto di pezza, - dice -ma ormai non ci servono più i pupazzi, non è vero?
Ma anche lei sembra molto triste.
Le due amiche si danno il cambio al banco. Anna rimane per prima allo stand, mentre Lea fa un giro per il mercatino. Anna ha visto che Lea è molto triste. Infila velocemente nel cassetto il denaro necessario per acquistare il cagnolino di pezza, poi nasconde il pupazzo nella sua borsa. Poi, Lea la sostituisce al banco e Anna va a dare un'occhiata al mercatino.
Quando torna l'orsacchiotto non c'è più: Anna ha un tuffo al cuore. A mezzogiorno il mercatino finisce. I bambini mettono a posto e contano i soldi.
-Ho una sorpresa per te- dice Anna porgendo il coniglietto a Lea.
Lea è felicissima.
- Grazie, - grida -e qui c'è un orsacchiotto per te!- risponde l'amica mentre tira fuori il pupazzo di Anna dalla borsa.
Le due amiche ridono.
- Non volevo dare via il mio orsacchiotto- ammette Anna -ma poi ho pensato che sono troppo grande per tenerlo.
- Anche io ho pensato la stessa cosa- dice Lea.
Le ragazze mettono via felici le loro cose.
- ma il pupazzo del cuore è un po' come un buon amico- dice Anna – e per gli amici non si è mai troppo vecchi.

Anna is checking her old toys. Tomorrow there is a market at school and children will be able to sell items they no longer use. And certainly there are not a few!
Anna takes the bricks and dolls' clothes and puts them in a box.
But what to do with his teddy bear? It holds a lot, but isn't it too big for puppets?
Eventually Anna overcomes her hesitation.
- Hello, my friend! - says Anna kissing the teddy bear's soft nose. Then she puts it in the box.
The next day she sets up her things on the counter.
-But how, do you want to sell your teddy bear? - asks her friend Lea.
Anna nods, but she has a knot in her throat.
Lea also wants to sell her favorite puppet: - I too have decided to part with my stuffed bunny, - she says - but now we don't need puppets anymore, don't we?
But she also looks very sad.
The two friends take turns at the counter. Anna stays at the stand first, while Lea goes around the market. Anna saw that Lea is very sad. She quickly slips the money needed to buy the stuffed bunny

72

into the drawer, then hides the puppet in her bag. Then, Lea replaces her at the counter and Anna goes to take a look at the market.
When the teddy bear returns, it is gone: Anna's heart sank. At noon the market ends. The children tidy up and count the money.
-I have a surprise for you- Anna says handing the bunny to Lea.
Lea is very happy.
- Thank you, - she shouts - and here is a teddy bear for you! - replies her friend as she takes Anna's puppet out of her bag.
The two friends laugh.
- I didn't want to give away my teddy bear - Anna admits - but then I thought I'm too big to keep it.
- I also thought the same thing - says Lea.
The girls happily put their things away.
- but the puppet of the heart is a bit like a good friend - says Anna - and for friends you are never too old.

Anna prende le costruzioni e i vestiti delle bambole. Anna takes the bricks and dolls' clothes.
Anche Lea vuole vendere il suo pupazzo preferito. Lea also wants to sell her favorite puppet.
Il giorno successivo sistema le sue cose sul bancone. The next day she sets up her things on the counter.
Lea fa un giro per il mercato. Lea goes around the market.
Anche lei sembra molto triste. She also looks very sad.
Le due amiche ridono. The two friends laugh.
A mezzogiorno il mercatino finisce. At noon the market ends.
Le ragazze mettono via felici le loro cose. The girls happily put their things away.
Per gli amici non sei mai troppo vecchio. For friends you are never too old.

Mercato	market
giocattoli	toys
costruzioni	bricks
pupazzo	puppet
bancone	counter
ridere	to laugh
mezzogiorno	noon
la stessa cosa	the same thing
esitazione	hesitation
dare via	to give away

60- UN ESTRANEO NEL CAMPO 60- A STRANGER IN THE FIELD

Nonno Pino ha un campo enorme nella vallata dove coltiva alberi da frutto e tanti ortaggi. Una mattina si recò nel campo come ogni giorno per lavorare, insieme al suo cane. Ad un tratto sotto un grande albero trovò un uomo sdraiato sulla schiena tutto ferito e con una gamba immobile. Sembrava fosse svenuto. Nonno Pino si chiese da dove fosse arrivato, visto che la vallata era isolata tra le montagne e non c'erano impronte di scarpe o di veicoli. Provò a parlargli e chiedergli come si chiamasse, ma l'uomo era abbastanza intontito. Nell'aiutarlo ad alzarsi notò che aveva uno zaino sulla schiena e non parlava italiano.
Così lo portò a casa sua, chiamò il dottore e scoprì che lo straniero era un paracadutista tedesco che era caduto nel suo campo e non era riuscito a chiamare i soccorsi. Nonno Pino gli aveva praticamente salvato la vita. Il paracadutista sfortunato venne portato all'ospedale e ringraziò calorosamente nonno Pino.

Grandpa Pino has a huge field in the valley where he grows fruit trees and many vegetables. One morning he went to the field like every day to work, with his dog. Suddenly under a large tree he found a man lying on his back all wounded and with a motionless leg. He seemed to have passed out. Grandpa Pino wondered where he had come from, since the valley was isolated in the mountains and there were no footprints from shoes or vehicles. He tried to talk to him and ask him what his name was, but the man was quite groggy. In helping him to get up he noticed that he had a backpack on his back and did not speak Italian.

So he took him to his house, called the doctor and discovered that the stranger was a German paratrooper who had fallen in his camp and had not been able to call for help. Grandpa Pino had practically saved his life. The unfortunate paratrooper was taken to the hospital and warmly thanked grandpa Pino.

Sembrava fosse svenuto. He seemed to have passed out.

Una mattina si recò nel campo come ogni giorno per lavorare. One morning he went to the field like every day to work.

Nonno Pino si chiese da dove fosse arrivato. Grandpa Pino wondered where he had come from.

Lo straniero era un paracadutista tedesco che era caduto nel suo campo. The stranger was a German paratrooper who had fallen in his camp.

Nonno Pino gli aveva praticamente salvato la vita. Grandpa Pino had practically saved his life

Dottore	doctor
paracadutista	paratrooper
ospedale	hospital
parlare	to speak
impronte	footprints
crescere	to grow
ferito	wounded
aiuto	help
campo	field
svenire	to pass out
straniero	stranger

61- IL REGALO PIU' BELLO 61- THE MOST BEAUTIFUL GIFT

Max sta ammirando il cielo stellato. Oggi è il suo compleanno e ha il permesso di andare a letto più tardi. Pensa ai suoi regali: ha ricevuto tante cose belle, ma non il telescopio che desiderava tanto.

-Ora non ci sono i soldi,- ha detto la mamma -ma a Natale ne avrai di sicuro uno.

Max sospira. Peccato: è proprio ora, ad agosto, che si vedono le stelle cadenti. E quando ne vedi una puoi esprimere un desiderio, pensa Max. Quanto vorrebbe avere un telescopio!

Guarda l'orologio, "ancora 3 ore e 12 minuti", dice ad alta voce.

- E poi?- domanda qualcuno. Max fa un sussulto. Di fronte a lui c'è una strana creatura.

- E' il tempo che rimane prima della fine del mio compleanno – risponde Max, poi chiede a sua volta: -E tu chi sei?

La creatura ridacchia.

-Mi chiamo TinoB. Guarda qui, così puoi vedere da dove vengo. TinoB porge una sfera a Max che guarda perplesso attraverso un piccolo schermo.

- Che telescopio fantastico!- dice meravigliato.

Max osserva con attenzione. Vede stelle lontane e nuovi pianeti.

Vicino a loro c'è un razzo di colore rosso.

-E' il mio- spiega TinoB, - io vengo dalla stella Alfa B3, ma ora devo andare.

–Oh, - risponde Max triste e restituisce la sfera ad TinoB.

TinoB scuote la testa: - No, è un regalo per te. Il tuo compleanno non è ancora passato.

Max saluta TinoB con un cenno, poi guarda attraverso la sfera, finché il razzo non diventa un puntino rosso. Qualche volta i sogni si avverano.

Max is admiring the starry sky. Today is his birthday and he is allowed to go to bed later. He think of his gifts: he received so many beautiful things, but not the telescope he wanted so much.

- Now there is no money, - said the mother - but at Christmas you will have one for sure.

Max sighs. Too bad: it is right now, in August, that the shooting stars are seen. And when you see one you can make a wish, think Max. How much he would like to have a telescope!
Look at the clock, "still 3 hours and 12 minutes", he says aloud.
- And then? - someone asks. Max gasps. In front of him there is a strange creature.
- It is the time that remains before the end of my birthday - Max replies, then asks in turn: - Who are you?
The creature giggles.
-My name is TinoB. Look here so you can see where I'm from. TinoB hands a sphere to Max who looks puzzled through a small screen.
- What a fantastic telescope! - he says amazed.
Max watches carefully. He sees distant stars and new planets.
Near them there is a red rocket.
-It's mine - explains TinoB, - I come from the Alfa B3 star, but now I have to go.
- Oh, - Max replies sadly and returns the sphere to Altobi.
TinoB shakes his head: - No, it's a gift for you. Your birthday hasn't passed yet.
Max waves to TinoB, then looks through the sphere, until the rocket turns into a red dot.
Sometimes dreams come true.

Quanto vorrebbe avere un telescopio! How much he would like to have a telescope!
Il tuo compleanno non è ancora passato. Your birthday hasn't passed yet.
Ha ricevuto tante cose belle, ma non il telescopio che desiderava tanto. He received so many beautiful things, but not the telescope he wanted so much.
Qualche volta i sogni si avverano. Sometimes dreams come true.
E' proprio ora, ad agosto, che si vedono le stelle cadenti. It is right now, in August, that the shooting stars are seen.
Di fronte a lui c'è una strana creatura. In front of him there is a strange creature.
Vede stelle lontane e nuovi pianeti. He sees distant stars and new planets.
Che telescopio fantastico! What a fantastic telescope!

Telescopio	**telescope**
stelle cadenti	**shooting stars**
desiderio	**wish**
creatura	**creature**
pianeti	**planets**
sfera	**sphere**
ore	**hours**
orologio	**clock**
più tardi	**later**
ammirare	**to admire**

62- LA CASA DI NOTTE 62- THE HOUSE AT NIGHT

Tommy conosce molto bene la sua casa: sa quali stanze ci sono, riconosce le voci e i rumori della sua famiglia. Per Tommy la casa di giorno non ha segreti, ma com'è la casa di notte? Tommy non lo sa e decide di visitarla. Quando i suoi genitori dormono, zitto zitto si alza dal letto, prende una candela dal cassetto del soggiorno, la accende e… cammina a piedi scalzi per non far rumore.
Le ombre sulla parete traballano e poi scappano via spaventate. Le stanze al lume di candela sembrano grandi grandi. Tommy non ha paura: gira per tutte le stanze, guarda e sorride. Non ha paura perché sa che anche di notte quella è sempre la sua casa, come di giorno. Soltanto, di notte è più tranquilla, silenziosa, addormentata ma accogliente.

Tommy knows his house very well: he knows which rooms there are, recognizes the voices and noises of his family. For Tommy, the house during the day has no secrets, but what is the house like at night? Tommy doesn't know and decides to visit her. When his parents are asleep, quietly he gets

out of bed, he takes a candle from the living room drawer, lights it and ... walks barefoot so as not to make any noise.
The shadows on the wall wobble and then run away in fear. The candlelit rooms look great great. Tommy is not afraid: he goes around all the rooms, looks and smiles. He is not afraid because he knows that even at night that is always his home, as during the day. Only, at night it is more peaceful, silent, asleep but welcoming.

Tommy conosce molto bene la sua casa. Tommy knows his house very well
Le ombre sulla parete traballano. The shadows on the wall wobble
Tommy non ha paura. Tommy is not afraid.
Quando i suoi genitori dormono lui si alza dal letto. When his parents are asleep he gets out of bed.
Zitto zitto si alza dal letto. Quietly he gets out of bed.
Prende una candela dal cassetto del soggiorno. He takes a candle from the living room drawer.
Di notte è più tranquilla, silenziosa, addormentata ma accogliente. At night it is more peaceful, silent, asleep but welcoming.

Stanze	**rooms**
segreti	**secrets**
visitare	**to visitare**
addormentati	**asleep**
candela	**candle**
genitori	**parents**
a piedi scalzi	**barefoot**
traballare	**to wobble**
stanza	**room**

63- ROBERTO E ROBOT 63- ROBERTO AND ROBOT

- Che cosa stai disegnando?- chiede Daria incuriosita.
- Un robot!- risponde Roberto. - Vorrei costruirne uno tutto mio!
- Che bello!- risponde Daria stupefatta!
Daria torna a casa e Roberto continua a disegnare. Finalmente il suo progetto è finito. Ora manca solo il necessario per costruire il robot: barattoli di conserva vuoti, batterie, filo metallico e molti altri oggetti. Per tre giorni di fila Roberto approfitta di ogni momento libero per costruire il robot.
- Ho finito!- esulta una volta terminato il lavoro!
Il robot cammina zoppicando, ma riesce ad attraversare la stanza e Roberto è felicissimo!
Roberto fa vedere il robot a Daria.
-Che meraviglia!- esclama la bambina.- Non ne ho mai visto uno così bello!
Trascorrono tutta la giornata a divertirsi con il loro nuovo giocattolo.
Il giorno dopo Daria va a trovare Roberto, ma lui non ha tempo di giocare.
- Ci vediamo, Daria!- la saluta in fretta.
Questa volta impiega meno tempo: dopo due giorni è pronto un nuovo robot.
Roberto ha un regalo per Daria: un robot tutto per lei!
La bambina è molto contenta!
- Ora dobbiamo dare un nome ad entrambi- propone Roberto.
- Robot e Roberta!- suggerisce Daria.
Roberto è molto entusiasta della scelta e i due bambini cominciano a giocare con i loro robot.

- What are you drawing? - asks Daria curiously.
- A robot! - replies Roberto. - I'd like to build my own!
- How beautiful! - replies Daria amazed!
Daria goes home and Roberto continues to draw. His project is finally finished. Now only what is needed to build the robot is missing: empty cans, batteries, wire and many other items. For three days in a row Roberto takes advantage of every free moment to build the robot.

76

- I'm done! - he cheers once the job is done!
The robot walks with a limp, but manages to cross the room and Roberto is delighted!
Roberto shows the robot to Daria.
- How wonderful! - exclaims the little girl. - I have never seen one so beautiful!
They spend all day having fun with their new toy.
The next day Daria goes to see Roberto, but he doesn't have time to play.
- See you, Daria! - greets her quickly.
This time it takes less time: after two days a new robot is ready.
Roberto has a gift for Daria: a robot all for her!
The little girl is very happy!
- Now we have to give a name to both - Roberto suggests.
- Robot and Roberta! - suggests Daria.
Roberto is very enthusiastic about the choice and the two children start playing with their robots.

Roberto continua a disegnare. Roberto continues to draw.
Dopo due giorni è pronto un nuovo robot. After two days a new robot is ready.
Roberto approfitta di ogni momento libero per costruire il robot. Roberto takes advantage of every free moment to build the robot.
Trascorrono tutta la giornata a divertirsi con il loro nuovo giocattolo. They spend all day having fun with their new toy.
La bambina è molto contenta! The little girl is very happy!
I due bambini cominciano a giocare con i loro robot. The two children start playing with their robots.

Robot	robot
Barattoli di latta	cans
batterie	batteries
filo	wire
costruire	to build
giocare	to play
far vedere	to show
pronto	ready
avere tempo	to have time
entrambi	both

64- LISA E IL CUCCIOLO 64- LISA AND THE PUPPY

- Urrà! Avrò un cane!- esulta Lisa al telefono. - Finalmente mamma e papà mi hanno dato il permesso!
- Che bello!- risponde la nonna. - Che tipo di cane ti piacerebbe?
Lisa non lo sa ancora. Saluta la nonna e va a fare una passeggiata. Proprio all'angolo della strada vede un cane: è alto quasi quanto lei.
- Posso tenere il guinzaglio?- chiede Lisa alla padrona.
Lei vorrebbe andare verso sinistra, ma il cane la trascina a destra ed è costretta a seguirlo. Lisa restituisce subito il guinzaglio alla padrona e si dirige verso il parco a vede un altro cane con un meraviglioso pelo marrone e occhi neri.
- Vieni qui!- lo chiama Lisa.
Il cane lascia cadere la sua palla e corre verso di lei. Lisa si sposta di scatto: il cane le corre accanto, quasi travolgendola e va dall'altra parte del prato.
Lisa non vuole un cane troppo grande e nemmeno uno troppo vivace. Ma come fa a capire quale cane faccia al caso suo?
Torna a casa pensierosa.
Il giorno dopo, al ritorno da scuola Lisa vede l'auto della nonna davanti a casa.
- Guarda chi ho portato con me!- dice la nonna misteriosa. Un cucciolo la guarda da dietro le gambe della nonna.

- Ma è dolcissimo!- grida Lisa.
- Il cane del mio vicino ha avuto dei cuccioli, - dice la nonna – Boy è l'ultimo nato. Ho pensato che ti sarebbe piaciuto.
- Eccome se mi piace!- grida Lisa entusiasta. Abbraccia Boy tutta contenta. Il cucciolo la lecca delicatamente sul naso:
- Che cosa dici Boy? Ti piaccio anche io?
- Bau, bau! - risponde Boy e tutti ridono.

- Hurray! I'll have a dog! - Lisa rejoices over the phone. - Finally mom and dad have given me permission!
- How nice! - answers the grandmother. - What kind of dog would you like?
Lisa doesn't know yet. Say hello to grandma and go for a walk. Just on the corner of the street she sees a dog: it is almost as tall as she is.
- Can I keep the leash? - Lisa asks the mistress.
She would like to go left, but the dog drags her to the right and she is forced to follow him. Lisa quickly returns the leash to her mistress and heads to the park to see another dog with a wonderful brown fur and black eyes.
- Come here! - Lisa calls him.
The dog drops his ball and runs towards her. Lisa moves quickly: the dog runs beside her, almost overwhelming her and goes to the other side of the lawn.
Lisa doesn't want a dog that is too big or too lively. But how do you know which dog is right for her?
She goes home thoughtfully.
The next day, upon returning from school, Lisa sees her grandmother's car in front of the house.
- Look who I brought with me! - says the mysterious grandmother. A puppy looks at her from behind her grandmother's legs.
- But it's very sweet! - Lisa shouts.
- My neighbor's dog has had puppies, - says the grandmother - Boy is the last born. I thought you would like it.
- Yes, I like it! - Lisa shouts enthusiastically. She hugs Boy happily. The puppy licks her nose gently:
- What do you say Boy? Do you like me too?
- Bau Bau! - Boy answers and everyone laughs.

Finalmente mamma e papà mi hanno dato il permesso! Finally mom and dad have given me permission!
E' alto quasi quanto lei. It is almost as tall as she is.
Lisa restituisce subito il guinzaglio alla padrona. Lisa quickly returns the leash to her mistress.
Il cane lascia cadere la sua palla e corre verso di lei. The dog drops his ball and runs towards her.
Lisa vede l'auto della nonna davanti a casa. Lisa sees her grandmother's car in front of the house.
Torna a casa pensierosa. She goes home thoughtfully.
Il cane del mio vicino ha avuto dei cuccioli. My neighbor's dog has had puppies.

Cucciolo	puppy
permesso	permission
guinzaglio	leash
vivace	lively
vicino	neighbor
pelo	fur
strada	street
alto	tall
accanto	beside
leccare	to lick
cane	dog

65- QUANDO ARRIVA L'INVERNO 65- WHEN WINTER COMES

In inverno la natura si riposa: alberi e piante perdono le foglie per poter sopravvivere al gelo. La neve protegge la terra come una grande coperta di soffice lana bianca.

Gli sciatori sono contenti e si preparano per nuove avventure.

Alcuni alberi, come l'abete e il pino possono sopravvivere al freddo: sono le conifere. Hanno le foglie a forma di ago e producono frutti a forma di cono, le pigne. In questo periodo fioriscono le stelle di Natale, grandi fiori rossi che non hanno un profumo particolare, ma colpiscono l'occhio per la loro bellezza.

L'ermellino che vive nell'Europa del Nord indossa l'abito invernale: la sua pelliccia diventa tutta bianca per confondersi meglio nella neve. Alcuni uccelli gonfiano le piume che diventano un cuscino d'aria protettiva. Per sfamarsi vanno alla ricerca di semi e bacche nei campi.

In città ti può capitare di vedere qualche uccellino che al mattino presto viene a beccare le briciole sui balconi. Se vuoi aiutarli, puoi costruire una mangiatoia con una reticella piena di chicchi di grano e frumento.

In winter nature rests: trees and plants lose their leaves in order to survive the frost. Snow protects the earth like a large blanket of soft white wool.

Skiers are happy and are preparing for new adventures.

Some trees, such as fir and pine, can survive the cold: they are conifers. They have needle-shaped leaves and produce cone-shaped fruits, pine cones. In this period poinsettias bloom, large red flowers that do not have a particular scent, but strike the eye for their beauty.

The ermine that lives in Northern Europe wears a winter suit: its fur becomes all white to blend better in the snow. Some birds inflate their feathers which become a protective air cushion. To feed themselves they go in search of seeds and berries in the fields.

In the city you may happen to see some little birds that come early in the morning to peck at the crumbs on the balconies. If you want to help them, you can build a manger with a net full of wheat and wheat grains.

In inverno la natura si riposa. In winter nature rests.

La neve protegge la terra come una grande coperta di soffice lana bianca. Snow protects the earth like a large blanket of soft white wool.

Grandi fiori rossi che non hanno un profumo particolare. Large red flowers that do not have a particular scent.

Hanno le foglie a forma di ago. They have needle-shaped leaves.

La sua pelliccia diventa tutta bianca per confondersi meglio nella neve. Its fur becomes all white to blend better in the snow.

Vanno alla ricerca di semi e bacche nei campi. They go in search of seeds and berries in the fields.

In città ti può capitare di vedere qualche uccellino. In the city you may happen to see some little birds.

Puoi costruire una mangiatoia con una reticella piena di chicchi di grano e frumento. You can build a manger with a net full of wheat and wheat grains.

Inverno	winter
sciatori	skiers
ermellino	ermine
mangiatoia	manger
grano	wheat
semi	seeds
bacche	berries
beccare	to peck
crumbles	briciole

66- CAOS AL CAMPO DA CALCIO 66- CHAOS AT THE SOCCER FIELD

Luca guarda l'ora. Tra mezz'ora deve essere al campo da calcio! Finalmente ha finito di fare i compiti e può uscire! Sua mamma però, lo trattiene.

- Prima devi portare fuori Pippo.- dice.
- Posso portarlo con me al campetto da calcio?- domanda Luca.

La mamma è d'accordo. Luca esce di scatto insieme al cane e corre via.

Lega il suo cane vicino al bordo del campo. Ora la partita può iniziare. Luca è in gran forma e segna addirittura due gol. Ma nel bel mezzo della partita si scontra con Max e cade a terra.

-Scusa!- dice Max e lo aiuta a rialzarsi.

All'improvviso Pippo riesce a liberarsi e si mette a correre sul campo da gioco. Dà un calcio al pallone e fa gol. Luca e i suoi amici esultano.

Il capitano della squadra avversaria, però scuote la testa.

- Questo gol non è valido!- dice Dario.
- Io non faccio mica stare in porta il mio San Bernardo!
- Perchè no? - grida Luca.
- Perchè non facciamo giocare i nostri cani!
- Buona idea!- ride Dario, - Ma prima finiamo la partita!

Luca lega di nuovo il suo cane poi va di corsa in campo.

Evviva, la sua squadra ha vinto quattro a due.

Adesso tutti vanno a prendere i loro animali. Per fortuna vicino al campetto c'è una fattoria: i bambini che non hanno un animale domestico possono prenderlo lì. Il contadino è molto gentile e permette ai bambini di prendere alcuni dei suoi animali da cortile.

Poco dopo sul campetto si forma una squadra piuttosto buffa: a parte Pippo e il San Bernardo di Dario, ci sono anche un asino, un gatto, una capra e un'oca.

Ma agli animali non interessa giocare. I cani fanno a gara a chi corre più veloce, il gatto si affila gli artigli sulla porta, l'asino e l'oca mangiano l'erba. Solo la capra gioca con la palla.

Gli animali non riescono a fare nemmeno un gol!

Nonostante questo, i ragazzi si divertono tanto a guardarli!

- Bè, in confronto a questa fiacca squadra, noi siamo dei veri professionisti!, - dice Dario.

La sera Luca arriva a casa in orario.

- Hai fatto correre abbastanza Pippo?- gli chiede la mamma.
- Eccome!- risponde Luca e ride. - Domani lo porterò di nuovo con me.

Luca looks at the time. In half an hour he must be at the football field! He's finally done his homework and can go out! His mom, however, holds him back.

- First you have to take Pippo out .- she says.
- Can I take it with me to the football pitch? - asks Luca.

Mom agrees. Luca jumps out with the dog and runs off.

He ties his dog near the edge of the field. Now the game can begin. Luca is in great shape and even scores two goals. But in the middle of the match he collides with Max and falls to the ground.

-Sorry! - Max says and helps him to get up.

Suddenly Pippo manages to free himself and starts running on the playing field. It kick the ball and score. Luca and his friends rejoice.

The captain of the opposing team, however, shakes his head.

- This goal is not valid! - says Dario.
- I don't let my Saint Bernard stand in the door!
- Why not?- Luca shouts.
- Why don't we let our dogs play!
- Good idea! - Dario laughs, - But first let's finish the match!

Luca ties up his dog again then runs out onto the pitch.

Hurray, his team won four to two.

Now everyone is going to get their animals. Fortunately, there is a farm near the pitch: children who do not have a pet can take it there. The farmer is very kind and allows the children to take some of his farm animals.

Shortly afterwards, a rather funny team forms on the pitch: apart from Pippo and Dario's Saint Bernard, there are also a donkey, a cat, a goat and a goose.
But animals don't care about playing. Dogs compete for who runs faster, the cat sharpens its claws on the door, the donkey and the goose eat the grass. Only the goat plays with the ball.
Animals can't even score a goal!
Despite this, the boys have so much fun watching them!
- Well, compared to this weak team, we are real professionals! - says Dario.
In the evening Luca arrives home on time.
- Did you make Pippo run enough? - his mother asks him.
- Yes! - Luca answers and laughs. - Tomorrow I'll take it with me again.

Posso portarlo con me al campetto da calcio? Can I take it with me to the football pitch?
Luca esce di scatto insieme al cane e corre via. Luca jumps out with the dog and runs off.
Lega il suo cane vicino al bordo del campo. He ties his dog near the edge of the field.
All'improvviso Pippo riesce a liberarsi. Suddenly Pippo manages to free himself.
Dà un calcio al pallone e fa gol. It kick the ball and score.
I bambini che non hanno un animale domestico possono prenderlo lì. Children who do not have a pet can take it there.
I ragazzi si divertono tanto a guardarli! The boys have so much fun watching them!
Domani lo porterò di nuovo con me. Tomorrow I'll take it with me again.

Partita	match
compiti	homework
campo da calcio	football field
calciare	to kick
legare	to tie
segnare punto	to score
asino	donkey
capra	goat

67- LA SORPRESA DEL MATTINO 67- THE SURPRISE OF THE MORNING

Quella notte era improvvisamente caduta la prima neve. Giulio non aveva mai visto la neve in vita sua e quando al mattino guardò fuori dalla finestra, rimase a bocca aperta.
- Ma che cosa è successo?- gridò.
- E' nevicato!- gli rispose suo fratello – e speriamo che continui, così potremo fare un pupazzo grande, grande.
I due fratelli corsero in giardino e camminarono in fila, mettendo i piedi sulle impronte lasciate dal babbo per non sciupare la neve. Dal cielo cadevano piccoli fiocchi e presto i bambini avrebbero potuto fare il loro pupazzo di neve. La sorpresa fu quella di scoprire quanto fosse soffice e lieve, ma anche quanto fosse pesante e dura per realizzare un pupazzo di neve. A fine mattinata il pupazzo era pronto; lo completarono con una carota per il naso, due bottoni per gli occhi e una vecchia sciarpa intorno al collo. Un capolavoro!

That night the first snow had suddenly fallen. Giulio had never seen snow in his life and when he looked out the window in the morning, he gasped.
"But what happened?" he cried.
- It snowed! - answered his brother - and we hope it continues, so we can make a big, big snowman. The two brothers ran into the garden and walked in line, putting their feet on the footprints left by their father so as not to spoil the snow. Little flakes were falling from the sky and soon the children could make their own snowman. The surprise was to discover how soft and light it was, but also how heavy and hard it was to make a snowman. At the end of the morning the puppet was ready; they complemented it with a carrot for the nose, two buttons for the eyes and an old scarf around the neck. A masterpiece!

Ma che cosa è successo? But what happened?

Così potremo fare un pupazzo grande grande. So we can make a big big snowman.

I due fratelli corsero in giardino e camminarono in fila. The two brothers ran into the garden and walked in line.

Dal cielo cadevano piccoli fiocchi. Little flakes were falling from the sky.

A fine mattinata il pupazzo era pronto. At the end of the morning the puppet was ready.

Notte	night
a bocca aperta	to gasp
fratello	brother
carota	carrot
snowman	omino di neve
collo	neck
capolavoro	masterpiece
giardino	garden
fiocchi di neve	flakes

68- Il SALVATAGGIO 68- THE RESCUE

Oggi la classe seconda B fa un'escursione. Tina, Anna e Maria sono sedute vicine nel pullman. Sono tre amiche inseparabili. Finalmente il pullman è arrivato a destinazione.

-Mettetevi in fila per due,- grida la signora Bianchi, - faremo una passeggiata intorno al lago.

Lilli non è tranquilla. E' nuova nella classe: sicuramente nessuno vorrà camminare vicino a lei. Tina, Maria e Anna vogliono stare sempre insieme.

- Dovete camminare a coppie- ripete l'insegnante, spostando Tina vicino a Lilli.

Lilli è contenta. Le piacerebbe fare amicizia con le tre ragazze. Forse devo dimostrare di essere coraggiosa, pensa.

Si mette quindi a raccontare di quanto sia brava a nuotare e di tutte le volte che è andata a camminare sulle Alpi, proprio vicino a pericolosi precipizi. Ma le altre neanche l'ascoltano. A un certo punto il gruppo si ferma a rinfrescarsi i piedi in un fiume.

Poi i bambini si rimettono in cammino e tornano al pullman.

- Ripartiremo tra un'ora- dice la signora Bianchi- Nel frattempo potete fare il bagno nel lago.

Ma l'acqua del lago è piena di alghe.

- Venite, torniamo al fiume- propone Lilli a bassa voce, - Lì l'acqua è molto più pulita.

Tina, Anna e Maria si guardano e annuiscono.

Le quattro ragazze si allontanano di nascosto, senza che l'insegnante se ne accorga. L'acqua del fiume è limpida e fresca. Le ragazze camminano vicino alla riva, dove si tocca. Improvvisamente Lilli ha un'idea: ora può mostrare alle ragazze tutto il suo coraggio. Senza esitare, nuota verso il centro del fiume.

Torna qui- grida Tina spaventata, - E' troppo pericoloso fare il bagno qui.

Ma Lilli continua a nuotare.

- Chi ha il coraggio di fare una nuotata con me?- chiede.

- Questo non è coraggio!- grida Tina, - E' pura follia! Non hai idea delle correnti che ci sono qui!

Improvvisamente Lilli affonda, ma riemerge subito.

- Aiuto!- grida Lilli – La corrente mi sta trascinando giù!

Le ragazze prendono un grosso ramo e l'aiutano a uscire dall'acqua. Lilli si sdraia sul prato esausta.

- Grazie! - dice – Non farò mai più il bagno in un fiume che non conosco. Volevo solo dimostrarvi che sono coraggiosa per conquistare la vostra amicizia. Mi piacerebbe tanto essere vostra amica.

- Non devi dimostrarci niente per esserlo!- grida Tina – da oggi saremo un bel quartetto.

Today the second class B goes on an excursion. Tina, Anna and Maria are sitting close together in the bus. They are three inseparable friends. Finally the bus has arrived at its destination.

- Get in line for two, - shouts Mrs. Bianchi, - we will take a walk around the lake.

Lilli is not calm. She is new to the class: surely no one will want to walk next to her. Tina, Maria and Anna always want to be together.

- You have to walk in pairs - repeats the teacher, moving Tina close to Lilli.

Lilli is happy. She would like to make friends with the three girls. Maybe I have to prove I'm brave, she thinks.

She then starts to talk about how good she is at swimming and about all the times she has gone walking in the Alps, right near dangerous precipices. But the others don't even listen to it. At one point the group stops to cool their feet in a river.

Then the children set off and return to the bus.

- We will leave in an hour- says Mrs. Bianchi- In the meantime you can swim in the lake.

But the lake water is full of algae.

- Come, let's go back to the river - Lilli suggests in a low voice, - The water there is much cleaner.

Tina, Anna and Maria look at each other and nod.

The four girls sneak away, without the teacher noticing. The river water is clear and fresh. The girls walk near the shore, where they touch. Suddenly Lilli has an idea: now she can show the girls all her courage. Without hesitating, swim towards the center of the river.

Come back here - Tina cries in fright, - It is too dangerous to swim here.

But Lilli continues to swim.

- Who has the courage to go for a swim with me? - he asks.

- This is not courage! - Tina shouts, - It is pure madness! You have no idea what currents are here!

Suddenly Lilli sinks, but immediately re-emerges.

- Help! - cries Lilli - The current is dragging me down!

The girls take a large branch and help it out of the water. Lilli lies down on the lawn exhausted.

- Thank you! - he says - I will never swim in a river that I don't know again. I just wanted to show you that I am brave to win your friendship. I would love to be your friend.

- You don't have to prove us anything to be it! - Tina shouts - from today we will be a nice quartet.

Sono tre amiche inseparabili. They are three inseparable friends.

Le piacerebbe fare amicizia con le tre ragazze. She would like to make friends with the three girls.

Volevo solo dimostrarvi che sono coraggiosa per conquistare la vostra amicizia. I just wanted to show you that I am brave to win your friendship.

Da oggi saremo un bel quartetto. From today we will be a nice quartet.

Mettetevi in fila per due. You have to walk in pairs.

Lilli si sdraia sul prato esausta. Lilli lies down on the lawn exhausted.

Poi i bambini si rimettono in cammino e tornano al pullman. Then the children set off and return to the bus.

Lago	lake
coraggiosa	brave
fiume	river
escursione	excursion
nuotare	to swim
tornare indietro	to come back
ramo	branch
pullman	bus
provare	to prove

69- LO SCHERZO DELLA POZZANGHERA 69- THE JOKE OF THE PUDDLE

Mi chiamo Dalia e voglio essere una bambina indipendente. Abito in un vecchio palazzo un po' lontano dalla scuola. Tutte le mattine incontro i miei amici Lea e Roby e andiamo insieme a a scuola tranquillamente. I miei amici ed io per strada accarezziamo i gatti, i cani, saltiamo le pozzanghere, discutiamo e parliamo di tantissime cose.

83

Una mattina pioveva a dirotto, Lea e io cercavamo di evitare tutte le pozzanghere per non bagnarci. Ma Roby, per divertirsi...spash, era saltato a piedi uniti in una bella pozzanghera. Io ero tutta spruzzata, dalla testa ai piedi, camminavo come Charlie Chaplin con le scarpe che facevano ploc ploc ad ogni passo.

Sono entrata in classe lasciando una scia d'acqua dietro di me e ho cominciato a starnutire. La maestra mi ha proposto di togliere le scarpe e metterle accanto al termosifone per farle asciugare, ma con le calze bagnate non potevo stare. Così ha pensato di chiamare la mia mamma e farmi portare a scuola un paio di calze e un paio di scarpe asciutte.

Quando sono arrivata a casa mi sono accorta che mi ero beccata un bel raffreddore e Roby mi ha telefonato per chiedermi scusa.

My name is Dalia and I want to be an independent child. I live in an old building a bit far from the school. Every morning I meet my friends Lea and Roby and we go to school together quietly. My friends and I on the street pet the cats, the dogs, we jump the puddles, we discuss and talk about many things.

One morning it was raining heavily, Lea and I were trying to avoid all the puddles to avoid getting wet.But Roby, to have fun ... spash, had jumped in a nice puddle. I was all sprayed, from head to toe, walking like Charlie Chaplin in the shoes that did ploc ploc with every step.

I entered the classroom leaving a trail of water behind me and I began to sneeze. The teacher suggested that I take off my shoes and put them next to the radiator to dry them, but I couldn't stay with wet socks. So he thought about calling my mom and having me bring a pair of socks and a pair of dry shoes to school.

When I got home I realized that I had caught a cold and Roby called me to apologize.

Abito in un vecchio palazzo un po' lontano dalla scuola. I live in an old building a bit far from the school.

Una mattina pioveva a dirotto. One morning it was raining heavily.

Sono entrata in classe lasciando una scia d'acqua dietro di me. I entered the classroom leaving a trail of water behind me.

 Con le calze bagnate non potevo stare. I couldn't stay with wet socks.

Roby mi ha telefonato per chiedermi scusa. Roby called me to apologize.

Indipendente	indipendent
saltare	to jump
pozzanghere	puddles
scusarsi	to apologize
termosifone	radiator
starnutire	to sneeze
socks	calze
scarpe	shoes
bagnato	wet
raffreddore	cold

70- I CAMPI DI NONNO NICOLA E PAOLINO 70- THE FIELDS OF GRANDFATHER NICOLA AND PAOLINO

Nonno Nicola era sempre stato un contadino e negli anni aveva acquistato tanti campi da coltivare. Amava molto questo lavoro e ogni stagione aveva dei compiti diversi: arare, raccogliere, seminare...

I figli di Nicola avevano deciso di trasferirsi in città, perché era tutto più comodo e ogni tanto andavano in campagna a fare visita ai genitori. Aveva anche tre nipotini che spesso lo andavano a trovare, perché amavano molto la campagna. In particolare, Paolo o Paolino, come tutti lo chiamavano, dato che era il nipote più piccolo, andava dai nonni ogni week end e ogni volta imparava qualcosa di nuovo. Adorava andare via dal caos della città per immergersi in quei luoghi dove il tempo sembrava immobile. Il nonno lo portava spesso sul trattore, gli aveva insegnato a seminare (e ogni volta riportava a casa qualche semino da piantare sul balcone), aveva imparato a riconoscere gli ortaggi dalle foglie e a potare le piante. Insomma, per lui stare dai nonni rappresentava una vera e propria vacanza, così i suoi genitori decisero che avrebbe passato tutta l'estate in campagna, appena la scuola fosse finita. Che grande regalo per Paolino e che gioia per i nonni!

Quando arrivò settembre Paolino era cresciuto, si era irrobustito, aveva imparato un sacco di cose e il sole aveva reso la sua pelle dorata. La mamma stentava a riconoscerlo! Salutò i nonni con la promessa che sarebbe tornato il week end successivo a finire alcuni lavori in campagna.

Nonno Nicola sapeva benissimo chi sarebbe stato l'erede dei suoi amati campi!

Grandfather Nicola had always been a farmer and over the years he had bought many fields to cultivate. He loved this job very much and each season had different tasks: plowing, harvesting, sowing ...

Nicola's sons had decided to move to the city, because everything was more comfortable and every now and then they went to the countryside to visit their parents. He also had three grandchildren who often visited him, because they loved the countryside very much. In particular, Paolo or Paolino, as everyone called him, since he was the youngest grandson, went to his grandparents every weekend and learned something new each time. He loved to get away from the chaos of the city, to immerse himself in those places where time seemed motionless. His grandfather often took him on the tractor, taught him how to sow (and each time he brought home some seeds to plant on the balcony), he learned to recognize vegetables from leaves and to prune plants. In short, for him staying with his grandparents was a real vacation, so his parents decided that he would spend the whole summer in the countryside, as soon as school was over. What a great gift for Paolino and what a joy for grandparents!

When September came Paolino had grown up, had grown stronger, had learned a lot of things and the sun had turned his skin golden. Mom could hardly recognize him! He greeted his grandparents with the promise that he would return the following weekend to finish some work in the countryside.

Grandfather Nicola knew very well who would be the heir of his beloved fields!

Negli anni aveva acquistato tanti campi da coltivare. Over the years he had bought many fields to cultivate.

I figli di Nicola avevano deciso di trasferirsi in città. Nicola's sons had decided to move to the city.

Andavano in campagna a fare visita ai genitori. They went to the countryside to visit their parents.

Amavano molto la campagna. They loved the countryside very much.

Adorava andare via dal caos della città. He loved to get away from the chaos of the city.

Aveva imparato a riconoscere gli ortaggi dalle foglie e a potare le piante. He learned to recognize vegetables from leaves and to prune plants.

I suoi genitori decisero che avrebbe passato tutta l'estate in campagna. His parents decided that he would spend the whole summer in the countryside.

Sarebbe tornato il week end successivo a finire alcuni lavori in campagna. He would return the following weekend to finish some work in the countryside.

Arare	to plow
raccogliere	to harvest
seminare	to sow
erede	heir
salutare	to greet
campagna	countryside
lavoro	job
comodo	comfortable
imparare	to learn
trattore	tractor
ortaggi	vegetables
estate	summer

71- UNO ZAINO BEN RIEMPITO 71- A WELL FILLED BACKPACK

Era una bella giornata di sole e da tanto tempo Teo desiderava fare un'escursione in montagna. Quel giorno Teo decise che era il giorno giusto. Pensò subito di preparare il suo zaino con tutto l'occorrente: una borraccia di acqua fresca, un bel panino con il prosciutto e formaggio per il pranzo, un sacchettino di frutta secca e cioccolato per ricaricarsi di energia, una felpa, una mantella per la pioggia, un piccolo dispositivo per ascoltare la musica, un paio di occhiali da sole e della crema solare per evitare le scottature. Ora lo zaino era bello carico, forse un po' pesante, ma conteneva tutto il necessario. Teo era pronto per la sua escursione in montagna.

It was a beautiful sunny day and for a long time Teo had wanted to hike in the mountains. That day Teo decided it was the right day. He immediately thought of preparing his backpack with everything he needed: a flask of fresh water, a nice sandwich with ham and cheese for lunch, a bag of dried fruit and chocolate to recharge his energy, a sweatshirt, a cape for rain, a small device to listen to music, a pair of sunglasses and sunscreen to avoid sunburn. Now the backpack was well loaded, maybe a little heavy, but it contained everything you need. Teo was ready for his mountain hike.

Da tanto tempo Teo desiderava fare un'escursione in montagna. For a long time Teo had wanted to hike in the mountains.
Pensò subito di preparare il suo zaino con tutto l'occorrente. He immediately thought of preparing his backpack with everything he needed:
Ora lo zaino era bello carico. Now the backpack was well loaded
Teo era pronto per la sua escursione in montagna. Teo was ready for his mountain hike.

72- UN'AVVENTURA NEL CASTELLO STREGATO 72- AN ADVENTURE IN THE BEWITCHED CASTLE

L'orologio nella vecchia Sala dei cavalieri batte la mezzanotte, l'ora dei fantasmi. Dagli angoli della sala proviene un lugubre ululato. Sofia ha i brividi dalla paura. La sua amica Nina sta festeggiando il compleanno nel castello stregato. Sofia sa che l'ululato proviene dagli altoparlanti, ma ha paura lo stesso. Il castello è buio ed è decorato in maniera inquietante. Vicino a lei c'è Emma che invece sembra molto tranquilla.
Improvvisamente la porta si apre. Sofia ha un sussulto.
- Sei proprio una fifona!- bisbiglia Emma nell'orecchio dell'amica.
 Sofia la guarda con aria furiosa.
-Io non ho affatto paura- replica con decisione.
Nella Sala dei cavalieri entra una giovane donna.
- Ciao ragazze! Benvenute nel castello stregato! -dice- Mi chiamo Gabri e sono l'organizzatrice della festa. Il nostro primo gioco è la caccia al fantasma.
Continua Gabri: - Una di voi sarà la cacciatrice di fantasmi! Dovrà aspettare nel corridoio che gli altri, i fantasmi, si nascondano. Poi dovrà scoprire dove si sono nascosti. Chi di voi vuol essere la prima ad uscire nel corridoio?
Le ragazze esitarono. Nessuna di loro vuole andare da sola nel lungo e inquietante corridoio.
- Lei non ha paura! -dice Emma indicando Sofia.
Sofia ha un sussulto. Si dirige verso la porta con le gambe che le tremano. Il corridoio ha un aspetto veramente sinistro. Sofia vede un domestico che stacca alcuni quadri dalla parete e li porta verso l'uscita posteriore. Che cosa starà facendo?
Che strano...Poco prima aveva salutato tutti e se n'era andato via. Sofia lo segue senza farsi sentire. L'uomo carica i quadri in un furgone e si guarda continuamente intorno. Sofia ha il cuore in gola. Non sarà mica un ladro?

Veloce come un fulmine Sofia chiude la porta del furgone e l'uomo resta bloccato dentro il veicolo.
La ragazza torna di corsa nella Sala dei cavalieri e racconta tutto d'un fiato quello che è successo.
Gabri chiama subito la polizia. Sofia ha catturato un ladro di opere d'arte, travestito da domestico.
- Sei stata molto coraggiosa!- la loda Gabri.
Anche le altre ragazze sono molto colpite dal suo coraggio.
- Sei stata grande!- dice Emma con ammirazione - Io non avrei avuto il coraggio di farlo. Non sei affatto una fifona, anzi!
E' vero, pensa Sofia felice.
Adesso la festa può continuare.

The clock in the old Knights' Hall strikes midnight, the hour of ghosts. From the corners of the hall comes a mournful howl. Sofia is shivering with fear. Her friend Nina is celebrating her birthday in the haunted castle. Sofia knows that the howling comes from the loudspeakers, but she is afraid all the same. The castle is dark and creepy decorated. Next to her is Emma who instead seems very calm.
Suddenly the door opens. Sofia gasps.
- You're such a coward! - Emma whispers in her friend's ear.
Sofia looks at her furiously.
-I am not afraid at all- she replies decisively!
A young woman enters the Hall of the Knights.
- Hi girls! Welcome to the haunted castle! -says- My name is Gabri and I am the organizer of the party. Our first game is ghost hunt.
Gabri continues: - One of you will be the ghost hunter! You will have to wait in the corridor for the others, the ghosts, to hide. Then you will have to find out where they are hiding. Who among you wants to be the first to step out into the corridor?
The girls hesitated. None of them want to go alone in the long and creepy corridor.
- She is not afraid! - Emma says pointing to Sofia.
Sofia gasps. She walks to the door with her legs trembling. The corridor has a truly sinister aspect.
Sofia sees a servant who removes some paintings from the wall and takes them to the rear exit.
What is he doing?
How strange ... Shortly before he had greeted everyone and left. Sofia follows him without being heard. The man loads the paintings into a van and constantly looks around. Sofia has her heart in her throat. Couldn't he be a thief?
Quick as lightning, Sofia closes the door of the van and the man gets stuck inside the vehicle. The girl runs back to the Knights' Hall and tells what happened in one breath.
Gabri immediately calls the police. Sofia has caught an art thief disguised as a servant.
- You were very brave! - Gabri praises her.
The other girls are also very impressed with his courage.
- You were great! - says Emma with admiration - I would not have had the courage to do it. You're not a coward at all, indeed!
It's true, Sofia thinks happily.
Now the party can go on.

L'orologio nella vecchia Sala dei cavalieri batte la mezzanotte. The clock in the old Knights' Hall strikes midnight
Sofia ha i brividi dalla paura. Sofia is shivering with fear.
La sua amica Nina sta festeggiando il compleanno nel castello stregato. Her friend Nina is celebrating her birthday in the haunted castle.
Improvvisamente la porta si apre. Suddenly the door opens.
Vicino a lei c'è Emma che invece sembra molto tranquilla. Next to her is Emma who instead seems very calm.
Mi chiamo Gabri e sono l'organizzatrice della festa. My name is Gabri and I am the organizer of the party.

Si dirige verso la porta con le gambe che le tremano. She walks to the door with her legs trembling

L'uomo carica i quadri in un furgone. The man loads the paintings into a van.

L'uomo resta bloccato dentro il veicolo. The man gets stuck inside the vehicle.

Sofia ha catturato un ladro di opere d'arte, travestito da domestico. Sofia has caught an art thief disguised as a servant.

Io non avrei avuto il coraggio di farlo. I would not have had the courage to do it.

Castello	castle
fifona	coward
paura	afraid
stregato	haunted
inquietante	creepy
quadri	paintings
domestico	servant
uscita posteriore	rear exit
furgone	van
coraggio	courage

73- I PREPARATIVI DEL NATALE 73- THE PREPARATIONS FOR CHRISTMAS

A casa dei nonni ci si prepara al Natale con largo anticipo. Infatti, dato che a Natale la nonna ci invita tutti a casa per il pranzo, nulla deve essere lasciato al caso. I nonni hanno una grande casa in campagna, con una bellissima sala da pranzo con il camino.

Per noi nipoti, che siamo in sei, è sempre una gioia incontrarci lì: i nonni decorano tutta la casa con luci, fiocchi, ghirlande e addobbi e accanto al camino allestiscono un grande albero di Natale pieno di tante palline. Ovviamente sotto l'albero ci sono tanti pacchi di regali per tutti noi.

Quando arriviamo dai nonni sentiamo sempre le canzoni di Natale alla radio e la nonna ci accoglie con un aperitivo di benvenuto che beviamo aprendo i regali.

Per il pranzo la nonna prepara qualche settimana prima i suoi mitici cappelletti in brodo che a noi piacciono tantissimo. Per la giornata di festa cucina tante pietanze e dolci squisiti, tanto che rimaniamo a tavola fino al pomeriggio inoltrato e mentre mangiamo ci raccontiamo storie simpatiche, racconti passati dei nostri genitori e a volte anche barzellette. I grandi bevono vini e liquori, mentre per noi bambini la nonna prepara dei gustosi succhi di frutta.

Il nonno per quell'occasione realizza qualche oggetto con il legno: una volta aveva realizzato una culla per la bambola di mia cugina Sonia, un'altra volta ha realizzato delle scatoline per tutti e sei per riporre i nostri segreti e lo scorso Natale ci ha regalato dei portafoto fatti a mano.

Di solito a Natale non è quasi mai brutto tempo, così ci concediamo anche una piccola passeggiata nel parco e appena arriva il buio rientriamo. La sera di Natale giochiamo a carte o a qualsiasi gioco di società, la nonna ci offre delle cioccolate calde e i suoi cioccolatini fatti in casa. Se non abbiamo impegni per il giorno successivo rimaniamo a dormire dai nonni, altrimenti rientriamo a casa.

Per noi è sempre una gioia vivere il Natale dai nonni. Qualche anno fa avevo la febbre ed è stato molto triste rimanere a casa in un giorno di festa.

Siamo molto felici del nostro Natale in famiglia.

At the grandparents' home we prepare for Christmas well in advance. In fact, since grandma invites us all home for lunch at Christmas, nothing should be left to chance. The grandparents have a large house in the countryside, with a beautiful dining room with a fireplace.

For us grandchildren, who are six, it is always a joy to meet there: the grandparents decorate the whole house with lights, bows, garlands and decorations and next to the fireplace they set up a large Christmas tree full of many balls. Obviously, under the tree there are many packages of gifts for all of us.

When we arrive at our grandparents we always hear Christmas songs on the radio and the grandmother welcomes us with a welcome drink that we drink while opening the presents.

For lunch, the grandmother prepares her legendary cappelletti in broth a few weeks beforehand, which we like very much. For the day of celebration she cooks many delicious dishes and desserts, so much so that we stay at the table until late afternoon and while we eat we tell each other funny stories, past stories of our parents and sometimes even jokes. The grown-ups drink wines and spirits, while for us children the grandmother prepares tasty fruit juices.

For that occasion, the grandfather made some objects with wood: once he had made a cradle for my cousin Sonia's doll, another time he made boxes for all six to store our secrets and last Christmas he made us gift of handmade photo frames.

Usually at Christmas the weather is almost never bad, so we also allow ourselves a little walk in the park and as soon as it gets dark we go back. On Christmas Eve we play cards or any board game, grandma offers us hot chocolate and her homemade chocolates. If we have no commitments for the next day we stay to sleep with our grandparents, otherwise we go home.

For us it is always a joy to live Christmas with grandparents. A few years ago I had a fever and it was very sad to stay home on a holiday.

We are very happy with our family Christmas.

Il nonno realizza qualche oggetto con il legno. The grandfather made some objects with wood.
A casa dei nonni ci si prepara al Natale con largo anticipo. At the grandparents' home we prepare for Christmas well in advance
La sera di Natale giochiamo a carte. On Christmas Eve we play cards.
I nonni hanno una grande casa in campagna. The grandparents have a large house in the countryside.
La nonna prepara qualche settimana prima i suoi mitici cappelletti in brodo. The grandmother prepares her legendary cappelletti in broth a few weeks beforehand.
I nonni decorano tutta la casa. The grandparents decorate the whole house.
Per noi è sempre una gioia vivere il Natale dai nonni. For us it is always a joy to live Christmas with grandparents.
La nonna ci invita tutti a casa per il pranzo. Grandma invites us all home for lunch at Christmas.
E' stato molto triste rimanere a casa in un giorno di festa. It was very sad to stay home on a holiday.

camino	fireplace
sala da pranzo	dining room
luci	lights
decorazioni	decorations
pranzo	lunch
culla	cradle
giochi da tavolo	board game
gioia	joy
cioccolata calda	hot chocolate
albero di Natale	Christmas tree

74- L'ORSACCHIOTTO UGO 74- THE UGO TEDDY BEAR

Ugo è l'orsacchiotto preferito di Cecilia, una bambina di sette anni. Tutte le sere Cecilia lo porta con sé nel letto, lo abbraccia e si addormentano assieme. La mattina, a volte, Cecilia trova Ugo sotto le coperte vicino ai suoi piedi. Ugo ha il pelo corto di colore bianco. Gli occhi e il naso sono di colore marrone scuro. Il pelo delle orecchie e sotto la pianta delle zampe il colore è marrone chiaro. Ugo è morbido come il cotone e profuma di borotalco. Cecilia per Ugo ha preparato un lettino in una scatola da scarpe della mamma. In quel lettino Ugo ci sta proprio bene. Un giorno Cecilia ha chiesto alla mamma: - Da quanto tempo Ugo vive con me?
La mamma le ha subito risposto: -Ti è stato regalato dalla nonna quando hai compiuto un anno.

Ugo is Cecilia's favorite teddy bear, a seven-year-old girl. Every evening Cecilia takes him to bed with her, hugs him and they fall asleep together. Sometimes in the morning, Cecilia finds Ugo

under the covers near her feet. Ugo has a short white coat. The eyes and nose are dark brown. The hair on the ears and under the soles of the legs is light brown. Ugo is soft like cotton and smells of talcum powder. Cecilia for Ugo has prepared a cot in a shoe box of her mother. Ugo fits in that cot just fine. One day Cecilia asked her mother: - How long has Ugo lived with me?
The mother immediately replied: -It was given to you by your grandmother when you turned one.

Ugo è l'orsacchiotto preferito di Cecilia. Ugo is Cecilia's favorite teddy bear.
Cecilia trova Ugo sotto le coperte vicino ai suoi piedi. Cecilia finds Ugo under the covers near her feet.
Ugo è morbido come il cotone e profuma di borotalco. Ugo is soft like cotton and smells of talcum powder.
In quel lettino Ugo ci sta proprio bene. Ugo fits in that cot just fine.

Orsacchiotto	teddy bear
letto	bed
addormentarsi	to fall asleep
piedi	feet
orecchie	ears
profumare	to smell
vivere	to live

75- IL BAMBINO DISPERATO 75- THE DESPERATE CHILD

C'era una volta un bambino di nome Remo che andava sempre a fare la spesa con la mamma. Un giorno, mentre stava girando fra gli scaffali del supermercato venne attratto da una grossa scatola rossa e verde. All'interno di questa scatola c'erano delle caramelle al pistacchio e alla fragola, gelatinose e ricoperte di zucchero.
Remo pensò subito di farsele comprare dalla mamma, ma... quando si girò per proporglielo la mamma non c'era più. Remo era disperato, piangeva e non sapeva più cosa fare. La mamma, che si trovava alla cassa, lo sentì e subito corse da lui. Per consolarlo gli comprò due scatole di caramelle. Remo ora non piangeva più, era felicissimo.

Once upon a time there was a child named Remo who always went shopping with his mother. One day, as he was wandering around the supermarket shelves, he was attracted to a large red and green box. Inside this box there were pistachio and strawberry candies, gelatinous and covered with sugar. Remo immediately thought of having his mother buy them, but ... when he turned to ask her, his mother was no longer there. Remo was desperate, he was crying and didn't know what to do anymore. Mom, who was at the counter, heard him and immediately ran to him. To console him, she bought him two boxes of candy. Remo was no longer crying, he was very happy.

Stava girando tra gli scaffali del supermercato. He was wandering around the supermarket shelves.
Remo era disperato, piangeva e non sapeva più cosa fare. Remo was desperate, he was crying and didn't know what to do anymore.
Quando si girò per proporglielo la mamma non c'era più. When he turned to offer it to him, his mother was no longer there.
Per consolarlo gli comprò due scatole di caramelle. To console him, she bought him two boxes of candy.

Scatola	box
caramella	candy
piangere	to cry
supermercato	supermarket
disperato	desperate
consolare	to console
comprare	to buy

76- IL BAMBOLOTTO SCOMPARSO 76- THE DISAPPEARED DOLL

Chiara ed Elisa sono due sorelle gemelle e a Natale hanno ricevuto un bambolotto e lo hanno chiamato Matteo.

Una mattina, quando erano a scuola, Matteo dormiva nella sua culla portatile di stoffa, sistemata nello scaffale vicino ai libri. Al loro rientro le bambine entrano in camera e non trovano più Matteo: allarmate corrono dalla mamma!

- Mamma, mamma, Matteo è scomparso! - gridano in lacrime Chiara ed Elisa.

- Ma non può essere! Andiamo a cercarlo insieme!- così, tutte e tre si mettono a rovistare per tutta la casa, ma di Matteo nemmeno l'ombra!

Sconsolate le bambine si rintanano in camera e cominciano a pensare che il loro bambolotto, Matteo, abbia deciso di andarsene perché lo lasciavano spesso da solo per andare a scuola.

E' l'ora di cena. Torna anche il loro papà dal lavoro e le gemelle raccontano la loro triste giornata.

Ad un tratto rientra Gilda, la loro cagnolona di labrador. Scodinzola a tutta la famiglia, in segno di saluto e poi si dirige verso il salotto. Si stende tranquilla sul tappeto e da sotto il divano estrae il bambolotto Matteo, che aveva precedentemente nascosto e comincia a leccarlo.

Chiara ed Elisa non stanno nei loro panni dalla gioia e corrono a riabbracciare Matteo.

La povera Gilda, presa dalla solitudine aveva scelto il bambolotto delle gemelle per farsi compagnia.

Il giorno dopo la mamma e le bambine vanno in un negozio di giocattoli e decidono di acquistare un peluche che tenga compagnia a Gilda.

Chiara and Elisa are twin sisters and at Christmas they received a doll and called him Matteo.

One morning, when they were at school, Matteo slept in his portable fabric cradle, placed on the shelf next to the books. Upon their return, the girls enter the room and no longer find Matteo: alarmed they run to their mother!

- Mom, mom, Matteo has disappeared! - Chiara and Elisa cry in tears.

- But it can't be! Let's go look for him together!

So, all three start rummaging around the house, but not even the shadow of Matteo!

Disconsolate, the girls hide in the room and begin to think that their doll, Matteo, has decided to leave because they often left him alone to go to school.

It is dinner time. Their dad also returns from work and the twins tell about their sad day.

Suddenly Gilda, their Labrador dog, comes back. She wags his tail to the whole family as a sign of greeting and then heads for the living room. She lies down quietly on the carpet and from under the sofa takes out the doll Matteo, which she had previously hidden and begins to lick it.

Chiara and Elisa are not in their shoes for joy and run to hug Matteo again.

Poor Gilda, taken by loneliness, had chosen the twins' doll to keep company.

The next day, the mother and the girls go to a toy store and decide to buy a stuffed animal to keep Gilda company.

A Natale hanno ricevuto un bambolotto e lo hanno chiamato Matteo. At Christmas they received a doll and called him Matteo.

Le bambine entrano in camera e non trovano più Matteo. The girls enter the room and no longer find Matteo.

Matteo dormiva nella sua culla portatile di stoffa. Matteo slept in his portable fabric cradle.

Le gemelle raccontano la loro triste giornata. The twins tell about their sad day.

Gridano in lacrime Chiara ed Elisa. Chiara and Elisa cry in tears.

Si stende tranquilla sul tappeto. She lies down quietly on the carpet.

La povera Gilda, presa dalla solitudine aveva scelto il bambolotto delle gemelle per farsi compagnia. Poor Gilda taken by loneliness, had chosen the twins' doll to keep company.

Bambola	dool
scaffale	shelf
da solo	alone
ora di cena	dinner time
salotto	living room
tappeto	carpet

solitudine	loneliness
nascosto	hidden
peluche	stuffed animal

77- CARLO E LA RANOCCHIA 77- CARLO AND THE FROG

Carlo ieri è arrivato a scuola con una scatolina misteriosa. Ha aperto adagio, adagio la scatola e...una ranocchia verde ha fatto capolino in mezzo a delle foglie.

La ranocchia ha aperto e ha chiuso gli occhietti come per guardarsi intorno e poi ha cominciato a saltare di qua e di là per la classe. Tutti i bambini hanno riso divertiti, mentre cercavano di acchiapparla per accarezzarla. Nessuno ce l'ha fatta, neppure Carlo.

A un certo punto la simpatica ranocchia ha infilato la finestra aperta e ...ciao! Svelta, svelta a grandi balzi, se n'è ritornata felice verso il suo stagno.

Carlo arrived at school yesterday with a mysterious box. He opened the box slowly, slowly and ... a green frog peeped out among some leaves.

The frog opened and closed its eyes as if to look around and then started jumping around the classroom. All the children laughed with amusement as they tried to catch her and caress her. Nobody made it, not even Carlo.

At one point the nice frog slipped the window open and ... bye! Quick, fast with great leaps, she happily returned to her pond.

Una ranocchia verde ha fatto capolino in mezzo a delle foglie. A green frog peeped out among some leaves.

La ranocchia ha aperto e ha chiuso gli occhietti. The frog opened and closed its eyes.

Tutti i bambini hanno riso divertiti. All the children laughed with amusement.

Se n'è ritornata felice verso il suo stagno. She happily returned to her pond.

Scatolina	box
ranocchia	frog
occhi	eyes
saltare	to jump
stagno	pond
acchiappare	to catch

78- LA SPIAGGIA ROVINATA 78- THE RUINED BEACH

Ogni volta che c'è una mareggiata io vado in spiaggia. Mi piace raccogliere conchiglie nuove, legnetti levigati e trasformati dall'acqua e talvolta faccio incontri speciali: un totano spiaggiato, stelle marine che giacciono sulla sabbia inermi, granchietti innocui.

Ma oggi sulle spiagge qualcosa è cambiato: oggi dopo una mareggiata trovo bottiglie, scodelle, scatole, vasi, tubi, coperchi, barattoli, bicchieri, piatti...

Sono tutte cose che l'uomo ha adoperato e poi ha gettato via. La plastica è fuori dalla natura, è fuori dalle regole e neanche il mare la può far morire.

Allora oggi ho deciso con alcuni amici di andare in spiaggia e di raccogliere tutto ciò che il mare ci riporta e lo inquina. Muniti di grandi sacchi e di guanti siamo andati a riva e abbiamo ripulito un bel pezzo di spiaggia. Tra i tanti rifiuti abbiamo trovato cinque bellissime conchiglie, dieci legnetti e tre piccole lumachine: questi sono i regali che il mare ci ha donato per averlo ripulito un po'.

Whenever there is a storm I go to the beach. I like to collect new shells, small sticks that have been polished and transformed by the water and sometimes I have special encounters: a beached squid, starfish lying on the sand unarmed, harmless crabs.

But today on the beaches something has changed: today after a storm I find bottles, bowls, boxes, jars, tubes, lids, jars, glasses, plates ...

These are all things that man used and then threw away. Plastic is out of nature, it is out of the rules and not even the sea can make it die.

So today I decided with some friends to go to the beach and collect everything that the sea brings back and pollutes it. Equipped with big bags and gloves we went ashore and cleaned up a nice piece of beach. Among the many rubbish we found five beautiful shells, ten sticks and three small snails: these are the gifts that the sea has given us for having cleaned it up a little.

Ogni volta che c'è una mareggiata io vado in spiaggia. Whenever there is a storm I go to the beach.
Mi piace raccogliere conchiglie nuove. I like to collect new shells.
Oggi dopo una mareggiata trovo bottiglie, scodelle, scatole, vasi, tubi, coperchi, barattoli, bicchieri, piatti... Today after a storm I find bottles, bowls, boxes, jars, tubes, lids, jars, glasses, plates ...
Sono tutte cose che l'uomo ha gettato via. These are all things that man threw away.
Oggi ho deciso con alcuni amici di raccogliere tutto ciò che il mare ci riporta e lo inquina. Today I decided with some friends to go to collect everything that the sea brings back and pollutes it.
Questi sono i regali che il mare ci ha donato. These are the gifts that the sea has given us.

Rifiuti	rubbish
mareggiata	storm
buttare via	to throw away
spiaggia	beach
sabbia	sand
ripulire	to clean up
inquinare	to pollute
conchiglie	shells
legnetti	sticks

79- MIMI' E COCO' 79- MIMI 'AND COCO'

Da qualche tempo ho una coppia di canarini che mi è stata regalata dalla nonna quando ho compiuto gli anni. Si chiamano Mimì e Cocò e sono entrambi gialli. Io sono molto affezionata a questi uccellini che tengo in una gabbia vicino alla scrivania. Quando finisco di eseguire i compiti gioco un po' con loro, gli parlo e apro la gabbia per lasciarli un po' liberi. Mimì e Cocò fanno un giretto per la casa, si posano sui mobili del salotto, cinguettano un pochino e quando sono stanchi tornano nella loro gabbia. Al mattino, appeno sveglio, vado a salutarli e loro mi rispondono con una bella "cantatina" allegra che mi mette subito di buonumore. Credo che anche loro si siano abituati a me perché cinguettano a lungo quando mi avvicino alla gabbia. Per me sono come due amici che mi tengono compagnia quando sono da solo.

For some time I have a couple of canaries that my grandmother gave me when I turned years old. They are called Mimì and Cocò and they are both yellow. I am very fond of these little birds that I keep in a cage near my desk. When I finish doing my homework, I play a little with them, talk to them and open the cage to let them go a little free. Mimì and Cocò take a stroll around the house, land on the furniture in the living room, chirp a little and when they are tired they go back to their cage. In the morning, when I wake up, I go to greet them and they answer me with a nice cheerful "ditty" that immediately puts me in a good mood. I think they got used to me too because they chirp for a long time when I get close to the cage. To me they are like two friends who keep me company when I'm alone.

Ho una coppia di canarini che mi è stata regalata dalla nonna.
I have a couple of canaries that my grandmother gave me.
Io sono molto affezionata a questi uccellini che tengo in una gabbia. I am very fond of these little birds that I keep in a cage.
Cinguettano a lungo quando mi avvicino alla gabbia. They chirp for a long time when I get close to the cage.

93

Quando finisco di eseguire i compiti gioco un po' con loro. When I finish doing my homework, I play a little with them.

Al mattino, appeno sveglio, vado a salutarli. In the morning, when I wake up, I go to greet them.

Per me sono come due amici. To me they are like two friends.

Gabbia	cage
canarini	canaries
giocare	to play
liberi	free
allegro	cherfull
buon umore	good mood
ditty	canzoncina
cinguettare	to chirp

80- IL MERLO INDIANO 80- THE INDIAN BLACKBIRD

Ieri a scuola è successa davvero una cosa bizzarra: avevamo le finestre aperte, dato che faceva caldo e ad un certo punto, mentre la maestra ci spiegava storia è entrato un merlo indiano in classe e si è posato sull'armadietto accanto alla finestra.

Inizialmente ci siamo stupiti molto, ma quando ha iniziato a guardarci uno per uno e a fare strani versi ci siamo messi a ridere. Passati pochi secondi ha iniziato ad imitare le nostre risate! Non ci potevamo credere! Ma che razza di uccello era quello!

La maestra ci ha subito detto: -E' un merlo indiano e la sua caratteristica è di ripetere ciò che sente!

Ad un tratto le ha fatto eco il merlo: -E' un merlo indiano e la sua caratteristica è di ripetere ciò che sente!

Incredibile! Una fragorosa risata ha di nuovo accompagnato il parole ripetute dal merlo.

A quel punto la nostra maestra ci ha fatto una proposta: -Bambini, cosa ne dite se chiudiamo il libro di storia e facciamo scienze? Vi propongo un approfondimento sui merli indiani e dato che ne abbiamo un esemplare qui, possiamo anche osservarlo dal vivo.

E il merlo di seguito: -...possiamo anche osservarlo dal vivo!

Noi ci siamo fatti una grassa risata e abbiamo accolto l'idea della maestra con entusiasmo.

La cosa buffa è stata che per tutto il tempo della ricerca il merlo è rimasto in classe con noi, siamo perfino riusciti a disegnarlo dal vero. Quando ha capito di aver concluso la sua missione si è diretto verso la finestra e ha preso il volo ripetendo la nostra risata!

Non abbiamo mai più rivisto il merlo indiano e non sappiamo chi fosse il suo padrone, ma è certo che non abbiamo mai svolto una lezione più realistica e divertente di questa!

Yesterday at school a really bizarre thing happened: we had the windows open, since it was hot and at one point, while the teacher was explaining history, an Indian blackbird entered the classroom and settled on the locker next to the window.

At first we were very surprised, but when it started looking at us one by one and making strange noises we started laughing. After a few seconds it began to imitate our laughter! We couldn't believe it! What kind of bird was that!

The teacher immediately told us: -It is an Indian blackbird and its characteristic is to repeat what it hears!

Suddenly the blackbird echoed: -It is an Indian blackbird and its characteristic is to repeat what it hears!

Incredible! A loud laugh accompanied the words repeated by the blackbird again.

At that point, our teacher made us a proposal: -Children, what do you think if we close the history book and do science? I propose an in-depth study on Indian blackbirds and since we have a specimen here, we can also observe it live.

And the blackbird below: -... we can also observe it live!

We had a big laugh and welcomed the teacher's idea with enthusiasm.

The funny thing was that for the whole time of the research the blackbird stayed with us in class, we even managed to draw it from life. When it realized it had finished his mission, it headed for the window and took off, repeating our laugh!
We have never seen the Indian blackbird again and we don't know who its owner was, but it is certain that we have never given a more realistic and fun lesson than this!

Ieri a scuola è successa davvero una cosa bizzarra. Yesterday at school a really bizarre thing happened.
E' un merlo indiano e la sua caratteristica è di ripetere ciò che sente! It is an Indian blackbird and its characteristic is to repeat what it hears!
Il merlo è rimasto in classe con noi. The blackbird stayed with us in class.
Passati pochi secondi ha iniziato ad imitare le nostre risate! After a few seconds it began to imitate our laughter!
Non abbiamo mai più rivisto il merlo indiano. We have never seen the Indian blackbird again.
Non abbiamo mai svolto una lezione più realistica e divertente di questa! We have never given a more realistic and fun lesson than this!

Merlo indiano	Indian blackbird
maestra	teacher
proposta	proposal
ripetere	to repeat
lezione	lesson
spiegare	to explain
verso	noise
risata	laugh
imitare	to imitate

81- IO E PAPA' AL CINEMA 81- PAPA AND I AT THE CINEMA

Io amo molto andare al cinema perché mi piace volare con la fantasia. Infatti, appena danno un film adatto alla mia età, io mi preparo in gran fretta.
Durante la proiezione seguo le vicende con molta emozione: quando i protagonisti sono in pericolo io soffro per loro, perciò sono molto felice quando riescono a sconfiggere i loro nemici. Mio papà conosce i miei gusti, perciò mi porta spesso al cinema con lui; se il film è noioso lui si addormenta e russa. Un giorno un signore seduto vicino a noi si è alzato ed ha cambiato posto perché il russare di mio padre era troppo potente. Se c'è un film di avventura il mio papà è ben sveglio e segue con emozione ogni scena. Io vado volentieri al cinema con mio padre perché abbiamo gli stessi gusti.

I really love going to the cinema because I like flying with the imagination. In fact, as soon as they give a film suitable for my age, I get ready in great haste.
During the screening, I follow the events with great emotion: when the protagonists are in danger I suffer for them, so I am very happy when they manage to defeat their enemies. My dad knows my tastes, so he often takes me to the cinema with him; if the movie is boring he falls asleep and snores. One day a gentleman sitting next to us got up and changed his seat because my father's snoring was too powerful. If there is an adventure film, my dad is wide awake and follows each scene with emotion. I like to go to the cinema with my father because we have the same tastes.

Io amo molto andare al cinema. I really love going to the cinema.
Io mi preparo in gran fretta. I get ready in great haste.
Seguo le vicende con molta emozione. I follow the events with great emotion.
Mio papà conosce i miei gusti. My dad knows my tastes.
Se il film è noioso lui si addormenta e russa. If the movie is boring he falls asleep and snores.
Se c'è un film di avventura il mio papà è ben sveglio. If there is an adventure film, my dad is wide awake.

Cinema	cinema

immaginazione	imagination
proiezione	screening
in pericolo	in danger
nemici	enemies
noioso	boring
russare	to snore
gusto	taste

82- PAURA DEI RAGNI 82- FEAR OF SPIDERS

Domenica ho deciso di esplorare a fondo la cantina della nonna. Ho chiuso la porta e ho iniziato ad aprire bauli, scatole e ceste. Quanti tesori, quanti vestiti per travestirsi!
Ma, orrore degli orrori! Che cosa esce da una scatola di cartone?
Un ragno! Avrei voluto gridare, ma non avevo più la voce! Avrei voluto scappare, ma i miei piedi erano paralizzati! Era pieno di zampe, pieno di peli! Non avevo mai visto nulla di più spaventoso!
Ad un tratto l'ho perso di vista: era sparito nel buchetto della parete! Ho alzato lo sguardo e sul muro ne ho visto un altro, là, proprio sopra la mia testa! Mi spiava con quei suoi occhietti orribili, pronto a saltarmi addosso. Non ho aspettato un attimo di più e sono corso immediatamente in salotto dove c'era la nonna. Le ho raccontato che cosa mi era successo e lei sorridendo mi ha spiegato che i ragni da noi non sono per niente pericolosi e se io ho paura di loro, loro ne hanno molta più di me!

On Sunday I decided to fully explore Grandma's cellar. I closed the door and started opening trunks, boxes and baskets. How many treasures, how many dresses to dress up!
But, horror of horrors! What comes out of a cardboard box?
A spider! I wanted to scream, but I no longer had my voice! I wanted to escape, but my feet were paralyzed! It was full of legs, full of hair! I had never seen anything more scary!
Suddenly I lost sight of it: it had disappeared into the hole in the wall! I looked up and on the wall I saw another one, there, right above my head! It was spying on me with those horrible eyes of his, ready to jump on me. I didn't wait a moment longer and immediately I ran to the living room where my grandmother was. I told her what had happened to me and smiling she explained to me that spiders are not dangerous at all and if I'm afraid of them, they have much more than me!

Domenica ho deciso di esplorare a fondo la cantina della nonna.
On Sunday I decided to fully explore Grandma's cellar.
Quanti tesori, quanti vestiti per travestirsi! How many treasures, how many dresses to dress up!
Non avevo mai visto nulla di più spaventoso! I had never seen anything more scary!
Avrei voluto gridare, ma non avevo più la voce! I wanted to scream, but I no longer had my voice!
Era pieno di zampe, pieno di peli! It was full of legs, full of hair!
Ho alzato lo sguardo e sul muro ne ho visto un altro. I looked up and on the wall I saw another one.
Sono corso immediatamente in salotto dove c'era la nonna. I ran to the living room where my grandmother was.
Lei sorridendo mi ha spiegato che i ragni da noi non sono per niente pericolosi. Smiling she explained to me that spiders are not dangerous at all.

Spaventoso	scary
cantina	cellar
ragno	spider
scomparire	to disappear
muro	wall
tesori	treasures
sorridendo	smiling
pericoloso	dangerous

buco	hole
testa	head
paralizzato	paralyzed

83- MATTINO AL MARE 83- MORNING AT THE SEA

Era una calda mattina di luglio. La nonna e la nipotina si avviarono verso il mare. Camminarono fino a dove la roccia sprofondava nell'acqua.
-Voglio fare il bagno!- disse la bambina.
Si aspettava un rifiuto che però non venne. Allora si spogliò lentamente. Immerse una gamba nell'acqua e disse: - E' fredda.
Poi scivolò nell'acqua fino alla vita e aspettò...
- Nuota- le disse la nonna -sei ben capace di nuotare!
- E' profondo!- disse Sofia – ti sei dimenticata che io non ho mai nuotato nell'acqua profonda senza qualcuno accanto?
Perciò uscì dall'acqua e sedette sulla roccia accanto alla nonna. Il sole era ancora più alto. Tutta l'isola scintillava e così pure il mare.

It was a hot July morning. The grandmother and granddaughter set off for the sea. They walked to where the rock sank into the water.
-I want to take a bath! - said the girl.
He expected a refusal but it didn't come. Then he slowly undressed. He dipped one leg in the water and said: - It's cold.
Then he slipped into the water up to his waist and waited ...
- Swim - said her grandmother - you are well capable of swimming!
- It is deep! - Sophie said - have you forgotten that I have never swam in deep water without someone close by?
So he got out of the water and sat on the rock next to his grandmother. The sun was even higher. The whole island sparkled and so did the sea.

Era una calda mattinata di luglio. It was a hot July morning.
Camminarono fino a dove la roccia sprofondava nell'acqua. They walked to where the rock sank into the water.
Immerse una gamba nell'acqua. He dipped one leg in the water.
Ti sei dimenticata che io non ho mai nuotato nell'acqua profonda? Have you forgotten that I have never swam in deep water ?
Tutta l'isola scintillava. The whole island sparkled.

Luglio	July
mare	sea
fare il bagno	take a bath
spogliarsi	to undress
nuotare	to swim
profondo	deep

84- RISVEGLIO 84- AWAKENING

Giada si è svegliata presto stamattina, è corsa veloce davanti alla finestra della sua camera per assistere al sorgere del sole. Ha seguito attimo dopo attimo questo spettacolo meraviglioso.
Dapprima ha notato all'orizzonte il cielo che si tingeva di rosa e di violetto. Subito dopo ha visto emergere lentamente, come per incanto, una grande palla rossa che si stagliava tra gli alberi dei pioppi. Infine ha scorto una luce gialla che contornava alcune nuvole bianche qua e là. Piano piano poi, ancora piena di stupore, si è allontanata dalla finestra.
Con questo spettacolo negli occhi si è preparata per andare a scuola e ha raccontato a tutta la classe la sua esperienza.

Giada woke up early this morning, she ran quickly in front of her bedroom window to watch the sun rise. She followed this wonderful show moment by moment.
At first he noticed the sky on the horizon that was tinged with pinkand violet. Immediately afterwards she saw slowly emerge, as if by magic, a large red ball that stood out among the poplar trees. Finally she saw a yellow light that surrounded some white clouds here and there. Then slowly, still full of amazement, she moved away from the window.
With this sight in her eyes, she got ready to go to school and told the whole class about her experience.

Giada si è svegliata presto stamattina. Giada woke up early this morning.
Ha seguito attimo dopo attimo questo spettacolo meraviglioso. She followed this wonderful show moment by moment.
Ha visto emergere lentamente una grande palla rossa. She saw slowly emerge a large red ball
Poi piano piano si è allontanata dalla finestra. Then slowly she moved away from the window.
Si è preparata per andare a scuola. She got ready to go to school.

Svegliarsi	to wake up
sorgere	to rise
spettacolo	show
cielo	sky
esperienza	experience
lentamente	slowly
pioppi	poplar tree
orizzonte	horizon

85- DOMENICA 85- SUNDAY

Domenica mi sono svegliato tardi e poi ho guardato la televisione in pigiama perché fuori pioveva e non sapevo che cosa fare. Ho pranzato velocemente e poi sono uscito con la bici: con tutta la mia famiglia siamo andati in centro a vedere un mercatino dell'antiquariato.
C'erano tante cose vecchie, mi piacevano solo i giocattoli di ferro e di legno di una volta. Dopo circa un paio di ore siamo andati a prenderci la cioccolata calda al bar.
Siccome mia sorella grande doveva studiare per un compito in classe, siamo tornati a casa presto.
Io ho telefonato a Giovanni che è venuto a trovarmi per giocare insieme con i Lego.

On Sunday I woke up late and then I watched television in my pajamas because it was raining outside and I didn't know what to do. I had a quick lunch and then went out with my bike: with my whole family we went downtown to see an antiques market.
There were many old things, I only liked the old iron and wooden toys. After about a couple of hours we went to get hot chocolate from the bar.
Since my big sister had to study for a class test, we went home early.
I phoned Giovanni who came to see me to play together with Legos.

Domenica mi sono svegliato tardi. On Sunday I woke up late.
Ho guardato la televisione in pigiama. I watched television in my pajamas.
Ho pranzato velocemente. I had a quick lunch.
Con tutta la mia famiglia siamo andati in centro a vedere un mercatino dell'antiquariato. With my whole family we went downtown to see an antiques market.
Siamo andati a prenderci la cioccolata calda al bar. We went to get hot chocolate from the bar.
Io ho telefonato a Giovanni che è venuto a trovarmi per giocare. I phoned Giovanni who came to see me to play together.

Domenica	Sunday
giocattoli	toys
ferro	iron

compito in classe	class test
pigiama	pijamas
fuori pioveva	kit was raining outside

86- IL CANE DI PAOLA 86- THE DOG OF PAOLA

Giovedì scorso Paola, entrando in classe, piangeva e le abbiamo chiesto cosa avesse. Ci ha raccontato che le era scappato il cane: l'aveva seguita fino a scuola e poi era sparito. Abbiamo chiesto al maestro di andare a cercare il cane e lui ha detto di sì. Ad un tratto seguendo il marciapiede abbiamo visto da lontano una macchia marrone sotto ad una panchina: era il cane di Paola! Paola pensava fosse morto, perché non si muoveva, così il maestro ha chiamato il suo papà. Due giorni dopo il cane saltava più di prima e Paola era felicissima.

Last Thursday Paola, entering the classroom, was crying and we asked her what she had. She told us that the dog had escaped: he had followed her to school and then disappeared. We asked the teacher to go find the dog and he said yes. Suddenly following the sidewalk we saw from a distance a brown spot under a bench: it was Paola's dog! Paola thought he was dead, because he didn't move, so the teacher called her dad. Two days later the dog jumped more than before and Paola was very happy.

Paola piangeva. Paola was crying.
Il cane era scappato. The dog had escaped.
Paola era felicissima. Paola was very happy.
Abbiamo chiesto al maestro di andare a cercare il cane. We asked the teacher to go find the dog.
Due giorni dopo il cane saltava più di prima. Two days later the dog jumped more than before.
Paola pensava che fosse morto. Paola thought he was dead.

Piangere	to cry
scappare	to escape
chiedere	to ask
trovare	to find
macchia	spot
panchina	bench
morto	dead
felice	happy

87- L'INFLUENZA 87- THE FLU

Adesso sono a letto. Ho mal di pancia, la testa calda e le mani fredde: vuol dire che la febbre sta salendo.
Sento il pulmino della scuola che sta passando senza di me. La mamma giù in cucina traffica con le pentole. Sale l'odore del pane tostato, ma tutti gli odori mi danno fastidio. Sento un tintinnio che viene dal salotto: è il mio gatto che rincorre un tappo di bottiglia. Poi vedo il mio grembiule giallo appoggiato allo schienale della sedia.
Vedo il sole entrare dalla mia finestra e illuminare il pulviscolo nell'aria. Peccato dover rimanere qui isolata!

I'm in bed now. I have a stomach ache, a hot head and cold hands: it means that the fever is rising.
I hear the school bus passing without me. Mom down in the kitchen fiddling with the pots. The smell of toast rises, but all the smells bother me. I hear a tinkle coming from the living room: it's my cat chasing a bottle cap. Then I see my yellow uniform leaning against the back of the chair.
I see the sun enter from my window and illuminate the dust in the air. Too bad having to remain isolated here!

Vuol dire che la febbre sta salendo. It means that the fever is rising.
Sale l'odore del pane tostato. The smell of toast rises,
Peccato dover rimanere qui isolata! Too bad having to remain isolated here!
E' il mio gatto che rincorre un tappo di bottiglia. It's my cat chasing a bottle cap.
Sento il pulmino della scuola che sta passando senza di me. I hear the school bus passing without me.

Febbre	fever
mal di pancia	stomach ache
cucina	kitchen
pentole	pots
pane tostato	toast
grembiule	uniform

88- AL MERCATO 88- AT THE MARKET

Mercoledì sono andato al mercato con la mamma e mio cugino Franco. Lui voleva andare subito al banco delle patatine fritte e tirava la gonna della mamma. Intorno a noi si sentivano tanti odori: di pesce, di tessuti, di formaggi. La mamma davanti ad una bancarella non si sbrigava: stava guardando delle canottiere per me e non si decideva a scegliere. Intanto il venditore di frutta urlava per pubblicizzare la sua merce. Ad un tratto abbiamo perso Franco e la mamma era disperata.
Dopo averci pensato un po' ho detto alla mamma che Franco poteva essere al banco delle patatine fritte: siamo corsi in quella direzione e Franco era proprio lì. Dopo averlo sgridato la mamma ha comprato a tutti e due un cartoccio di patate fritte e siamo tornati a casa.

On Wednesday I went to the market with my mother and my cousin Franco. He wanted to go to the French fries counter right away and pulled Mom's skirt. There were many smells around us: of fish, fabrics, cheeses. Mom in front of a stall didn't hurry: she was looking at some tank tops for me and couldn't decide to choose. Meanwhile the fruit seller was yelling to advertise his wares. Suddenly we lost Franco and Mom was desperate.
After thinking about it for a while, I told Mom that Franco could be at the French fries counter: we ran in that direction and Franco was right there. After scolding him, my mother bought us a bag of fried potatoes and we went home.

La mamma davanti ad una bancarella non si sbrigava. Mom in front of a stall didn't hurry.
Lui voleva andare subito al banco delle patatine fritte. He wanted to go to the French fries counter right away.
Ad un tratto abbiamo perso Franco. Suddenly we lost Franco.
Siamo corsi in quella direzione e Franco era proprio lì. We ran in that direction and Franco was right there.
La mamma ha comprato a tutti e due un cartoccio di patate fritte. My mother bought us a bag of fried potatoes.

Mercoledì	Wednesday
cugino	cousin
mercato	market
gonna	skirt
patatine fritte	french fries
odori	smells
pubblicizzare	to advertise
perdere	to lose
rimproverare	to scol
era disperata	was desperate

89- IL COMPUTER 89- THE COMPUTER

A casa mia abbiamo un computer solo. E' lentissimo perché ha la memoria piena. Mio papà si arrabbia perché dice che è colpa mia e di mio fratello che abbiamo scaricato dei giochi. Io gli dico che sarebbe ora di cambiarlo. Quelli dei miei compagni infatti sono velocissimi. Anzi, loro hanno anche il tablet...anch'io lo vorrei.
Al computer mi piace guardare i video divertenti dei cani. A mio fratello invece piace guardare quelli dei cestisti famosi.
A volte la maestra ci chiede di fare delle ricerche con il computer e io devo andare da un mio compagno perché a casa la stampante non funziona.
Papà ci ha promesso che a Natale riceveremo un computer nuovo a patto che non lo riempiamo di video.

We only have one computer in my house. It is very slow because it has a full memory. My dad gets mad because he says it's my brother and me that we downloaded games. I tell him it's time to change it. In fact, those of my teammates are very fast. Indeed, they also have the tablet ... I would like it too.
On the computer I like to watch funny videos of dogs. My brother, on the other hand, likes to watch those of famous basketball players.
Sometimes the teacher asks us to do some research on the computer and I have to go to a friend of mine because the printer doesn't work at home.
Dad promised us we'll get a new computer at Christmas as long as we don't fill it with videos.

A casa mia abbiamo un computer solo. We only have one computer in my house.
Io gli dico che sarebbe ora di cambiarlo. I tell him it's time to change it.
Mi piace guardare i video divertenti dei cani. I like to watch funny videos of dogs.
 A mio fratello piace guardare quelli dei cestisti famosi. My brother likes to watch those of famous basketball players.
Papà ci ha promesso che a Natale riceveremo un computer nuovo. Dad promised us we'll get a new computer at Christmas.

Stampante	printer
scaricare	to download
veloce	fast
giocatori di basket	basket players
divertente	funny
non funziona	doesn't work
ricerca	research

90- LA FESTA DI COMPLEANNO 90- THE BIRTHDAY PARTY

Ieri sono andata alla festa di compleanno di Catia. Le ho portato un braccialetto rosso e mi sembra che le sia piaciuto. All'inizio eravamo tutti tranquilli perché eravamo pochi, poi sono arrivati tutti gli altri e con la musica è esplosa la solita baraonda. La mamma di Catia era sulle spine perché aveva paura che il rumore infastidisse i condomini del palazzo.
Alcuni bambini per gioco sono andati a nascondersi negli armadi delle camere e la mamma di Catia li ha richiamati. Erano tutti sudati quando sono venuti i loro papà a prenderli.
Abbiamo aiutato Catia e la sua mamma a riordinare un po' e alla fine anche il mio papà è venuto a prendermi. E' stato proprio un bel compleanno.

Yesterday I went to Catia's birthday party. I brought her a red bracelet and I think she liked it. At first we were all calm because we were few, then all the others came and the usual chaos broke out with the music. Catia's mother was on edge because she was afraid that the noise would annoy the condominiums of the building.
Some children went hiding in the bedroom closets for fun and Catia's mother called them back. They were all sweaty when their dads came to get them.

We helped Catia and her mom tidy up a bit and in the end my dad came to get me too. It was a really nice birthday.

Erano tutti sudati quando sono venuti i loro papà a prenderli. They were all sweaty when their dads came to get them.

Ieri sono andata alla festa di compleanno di Catia. Ieri sono andata alla festa di compleanno di Catia.

Con la musica è esplosa la solita baraonda. The usual chaos broke out with the music.

Abbiamo aiutato Catia e la sua mamma a riordinare un po'. We helped Catia and her mom tidy up a bit.

Rumore	noise
armadio	closet
sudato	sweaty
riordinare	tidy up
festa di compleanno	birthday party
braccialetto rosso	red bracelet

91- LE POLPETTE DI NONNA FRANCA 91- THE MEATBALLS OF GRANDMA FRANCA

Nonna Franca non perde mai l'occasione per prepararmi le sue famose polpette: sono solo sue perché la ricetta l'ha inventata lei e dato che hanno sempre avuto un gran successo tra i suoi nipoti, ha deciso di chiamarle "le polpette della Franca". Appena sono entrata in casa ho riconosciuto immediatamente quel profumo inconfondibile: mi sono fatta una bella scorpacciata di polpette e credo che starò bene per un po' di tempo.

Mentre aiutavo la nonna a riordinare la cucina lei mi ha chiesto: - Senti Nina, ti va se ti insegno a preparare le mie famose polpette?

Con un grido di entusiasmo ci siamo messe subito al lavoro. Non saprei ricordare le quantità, ma non posso scordare gli ingredienti che abbiamo frullato insieme prima di formare le palline: carne di

manzo, mortadella, un uovo, pangrattato, parmigiano grattugiato, uno spicchio di aglio e sale.

Le abbiamo fatte cuocere nel sugo e la nonna ha deciso di tenerle in frigo e mangiarle il giorno dopo con tutti gli altri miei cugini.

Nonna Franca never misses the opportunity to prepare her famous meatballs: they are hers, because she invented the recipe and since they have always had great success among her grandchildren, she decided to call them "the meatballs of Franca" . As soon as I entered the house, I immediately recognized that unmistakable smell: I had a good meal of meatballs and I think I'll be fine for a while.

While I was helping my grandmother to tidy up the kitchen she asked me: - Listen Nina, would you like if I teach you how to prepare my famous meatballs?

With a cry of enthusiasm we immediately got to work. I can't remember the quantities, but I can't forget the ingredients we blended together before forming the balls: beef, mortadella, one egg, breadcrumbs, grated parmesan, a clove of garlic and salt.

We cooked them in the sauce and my grandmother decided to keep them in the fridge and eat them the next day with all my other cousins.

La ricetta l'ha inventata lei. She invented the recipe.

Ho riconosciuto immediatamente quel profumo inconfondibile.
I immediately recognized that unmistakable smell.

Ti va se ti insegno a preparare le mie famose polpette?
Would you like if I teach you how to prepare my famous meatballs?

Ma non posso scordare gli ingredienti.
But I can't forget the ingredients.

102

Le abbiamo fatte cuocere nel sugo di pomodoro.
We cooked them in the sauce.

Polpette	meatballs
ingredienti	ingredients
nonna	grandmother
cuocere	to cook
ricetta	recipe
aglio	garlic
carne di manzo	beef
frigorifero	fridge
cugini	cousins

92- L'ULTIMA VOLTA CHE MI SONO ARRABBIATO 92- THE LAST TIME I GET ANGRY

Ieri Lorenzo mi ha fatto veramente infuriare. Durante l'ora di inglese mi ha chiesto in prestito il bianchetto.
- Prendilo pure, è nuovo - gli ho risposto io gentilmente.
Lui l'ha usato e alla fine dell'ora mi ha detto: - Tieni il tuo bianchetto, grazie!
Io mi sono accorto che non era il mio e ho protestato: - Questo non è il mio. Il mio era nuovo, ti ricordi?
Ma lui ha negato: - No, sono sicuro che è il tuo.
Allora io mi sono infuriato, ma non potevo fare niente. Con lui non riesce ad averla vinta neanche la maestra. Sicuramente la prossima volta ci penserò bene prima di prestargli qualcosa.

Yesterday Lorenzo really made me mad. During the English class he asked me to borrow the whitebait.
- Take it, it's new - I replied politely.
He used it and at the end of the hour he said to me: - Keep your whitebait, thank you!
I realized it was not mine and I protested: - This is not mine. Mine was new, do you remember?
But he denied: - No, I'm sure it's your.
Then I got mad, but I couldn't do anything. Not even the teacher can win with him. I'll definitely think about it next time, before lending him something.

Lorenzo mi ha fatto veramente infuriare.
Lorenzo really made me mad.
Mi ha chiesto in prestito il bianchetto.
He asked me to borrow the whitebait.
Mi sono accorto che non era il mio.
I realized it was not mine.
Non potevo fare niente.
I couldn't do anything.

Ora di inglese	English class
prestare	to borrow
bianchetto	whitebait
ha negato	denied
infuriare	get mad
educatamente	politely

93- IL CONIGLIETTO DI LULU' 93- THE LULU'S BUNNY

Ieri Lulù ha portato a scuola il suo coniglietto per la lezione di scienze. Quando è entrata in classe con la cesta in mano, tutti i bambini le sono andati intorno incuriositi. Subito il coniglietto ha cominciato a tremare per lo spavento; allora la maestra ha preso la cesta e l'ha messa al sicuro sopra l'armadio. Dopo l'intervallo abbiamo aperto la cesta e abbiamo fatto uscire il coniglietto. Poi Lulù l'ha preso in braccio e l'ha accarezzato per rassicurarlo. La maestra ci ha fornito alcune informazioni sui conigli: di cosa si nutrono, dove vivono, quali caratteristiche hanno e noi abbiamo disegnato il coniglietto di Lulù. Mentre facevamo lezione lui girava di qua e di là esplorando l'aula. Infine si è addormentato sotto una sedia e Lulù l'ha rimesso nella sua cesta.

Yesterday Lulu took his bunny to school for science lesson. When she entered the classroom with the basket in her hand, all the children went around her curiously. Immediately the bunny began to tremble with fright; then the teacher took the basket and placed it safely on top of the locker. After the break we opened the basket and let the bunny out. Then Lulu picked him up and caressed him to reassure him. The teacher gave us some information about rabbits: what they feed on, where they live, what characteristics they have and we drew Lulu's bunny. While we were lecturing, he went around exploring the classroom. Finally he fell asleep under a chair and Lulu put him back in his basket.

Ieri Lulù ha portato a scuola il suo coniglietto. Yesterday Lulu took his bunny to school.
Tutti i bambini le sono andati intorno incuriositi. All the children went around her curiously.
Subito il coniglietto ha cominciato a tremare per lo spavento. Immediately the bunny began to tremble with fright.
Abbiamo aperto la cesta e abbiamo fatto uscire il coniglietto. We opened the basket and let the bunny out.
La maestra ci ha fornito alcune informazioni sui conigli. The teacher gave us some information about rabbits.
Lui girava di qua e di là esplorando l'aula. He went around exploring the classroom.
Lulù l'ha rimesso nella sua cesta. Lulu put him back in his basket.

Cesto	basket
sedia	chair
coniglietto	bunny
tremare	to tremble
esplorare	to explore
armadietto	locker
con curiosità	curiously

94- CON GLI AMICI AL CINEMA 94- WITH FRIENDS AT THE CINEMA

Per il mio compleanno ho invitato tutti i miei amici al cinema. Per ciascuno la mamma ha comprato un sacchetto con i cioccolatini e un piccolo palloncino. C'era anche il mio fratello piccolo con in bocca il ciuccio, per non farlo piangere. Davanti a me un ragazzo aveva un ciuffo in testa e non riuscivo a vedere bene il film, così mi sono spostato. Alla fine dello spettacolo siamo andati a casa e abbiamo mangiato una buonissima torta gelato, poi la mamma ha preso dal cesto che aveva preparato la sorpresina da regalare agli invitati. E' stato un bel compleanno e i miei amici si sono divertiti molto.

For my birthday I invited all my friends to the cinema. For each of them my mother bought a bag with chocolates and a small balloon. There was also my little brother with a pacifier in his mouth, to keep him from crying. In front of me a guy had a tuft on his head and I couldn't see the film well, so I moved away. At the end of the show we went home and ate a delicious ice cream cake, then the mother took the surprise from the basket she had prepared to give to the guests. It was a nice birthday and my friends had a lot of fun.

Per il mio compleanno ho invitato tutti i miei amici al cinema. For my birthday I invited all my friends to the cinema.

104

La mamma ha comprato un sacchetto con i cioccolatini e un piccolo palloncino. My mother bought a bag with chocolates and a small balloon.

Non riuscivo a vedere bene il film, così mi sono spostato. I couldn't see the film well, so I moved away.

Siamo andati a casa e abbiamo mangiato una buonissima torta gelato. We went home and ate a delicious ice cream cake.

I miei amici si sono divertiti molto. My friends had a lot of fun.

Sacchetto	bag
cioccolatini	chocolates
palloncino	balloon
ciuccio	pacifier
spettacolo	show
ciuffo	tuft
torta gelato	ice cream cake
ospiti	guests

95- I COLORI DEI BAMBINI 95- THE COLORS OF CHILDREN

Il mondo è grande grande. Ci sono tantissime persone. Ci sono tantissimi bambini.
Ci sono bambini con i capelli biondi e bambini con i capelli neri, bambini con i capelli castani e perfino con i capelli rossi. Poi ci sono bambini con la pelle color caffelattè, con la pelle color caffè, color cioccolata, bambini con la pelle rosa e i bambini con la pelle più rossa. Ci sono bambini che portano i vestiti e i gioielli delle loro terre: le bambine dell'Africa hanno collane fatte di piccole perle, i bambini del Tibet si vestono di arancione, i bambini del Giappone indossano il kimono di tanti colori, i bambini della Mongolia portano i maglioni pesanti anche d'estate.
Poi ci sono i bambini che indossano golfini verdi, felpe gialle, scarpe rosse, cappotti blu...insomma, ci sono bambini di tutti i colori.

The world is big big. There are a lot of people. There are lots of children.

There are children with blond hair and children with black hair, children with brown hair and even red hair. Then there are children with coffee-colored skin, chocolate color, children with pink skin and children with redder skin. There are children who wear the clothes and jewels of their lands: the girls of Africa have necklaces made of small pearls, the children of Tibet wear orange, the children of Japan wear kimonos of many colors, the children of Mongolia wear heavy sweaters even in summer.

Then there are the children who wear green sweaters, yellow sweatshirts, red shoes, blue coats ... in short, there are children of all colors.

Ci sono tantissimi bambini. There are lots of children.

Poi ci sono bambini con la pelle color caffelattè. Then there are children with coffee-colored skin.

Le bambine dell'Africa hanno collane fatte di piccole perle. The girls of Africa have necklaces made of small pearls.

I bambini del Giappone indossano il kimono di tanti colori. The children of Japan wear kimonos of many colors,

Ci sono bambini di tutti i colori. There are children of all colors.

Bambini	children
capelli biondi	blond hair
castani	brown
indossare	to wear
abiti	clothes
gioielli	jewels
perle	pearls

96- NEL BOSCO 96- IN THE WOOD

Ketty stava acquattata sotto il cespuglio. Non aveva il coraggio di muovere neppure un dito. Aveva l'occhio appoggiato al mirino della macchina fotografica che fissava un solo punto davanti a lei: la roccia assolata sulla quale si intravedeva una vipera dal corno, rarissima e molto temuta per il suo morso fatale. Non riusciva a scorgerla perfettamente, non riusciva a vederla in tutta la sua bellezza. Aveva paura, una paura tremenda, ma desiderava fotografare quel serpente da tanto tempo. Sentiva il suo cuore martellarle nel petto. Ascoltò il suo respiro e le sembrò fortissimo, forse persino il serpente lo sentiva. Il vento frusciava tra le foglie, gli uccellini cantavano incuranti, sembrava una sinfonia diretta da un maestro. Ad un tratto...silenzio.
Tese le orecchie, trattenne il respiro. Il serpente dal corno si mosse e finalmente poté ammirarlo completamente, con i suoi colori perfettamente combinati e quel corno che sembrava scolpito.
Aveva finalmente realizzato il suo sogno e immortalò l'animale in una serie infinita di scatti.

Ketty was crouched under the bush. She didn't have the courage to move a finger. Her eye was resting on the viewfinder of the camera that fixed only one point in front of her: the sunny rock on which you could see a horned viper, very rare and much feared for its fatal bite. She couldn't see it perfectly, she couldn't see it in all its beauty. She was afraid, a terrible fear, but he had wanted to photograph that snake for a long time. She felt his heart pounding in her chest. She listened to his breathing and it seemed very strong, maybe even the snake could hear it. The wind rustled through the leaves, the birds sang carelessly, it sounded like a symphony conducted by a teacher. Suddenly ... silence.
She listened, held her breath. The horned viper moved and finally she could admire it completely, with its perfectly matched colors and that horn that seemed carved.
She had finally realized her dream and immortalized the animal in an endless series of shots.

Ketty stava acquattata sotto il cespuglio. Ketty was crouched under the bush.
Aveva l'occhio appoggiato al mirino della macchina fotografica. Her eye was resting on the viewfinder of the camera.
La roccia assolata sulla quale si intravedeva una vipera dal corno. The sunny rock on which you could see a horned viper.
Aveva paura ma desiderava fotografare quel serpente da tanto tempo. She was afraid but she had wanted to photograph that snake for a long time.
Aveva finalmente realizzato il suo sogno. She had finally realized her dream
Il serpente dal corno si mosse e finalmente poté ammirarlo completamente. The horned viper moved and finally she could admire it completely.

Cespuglio	bush
vipera dal corno	horned viper
macchina fotografica	camera
rarissima	very rare
morso fatale	fatal bite
silenzio	silence
scolpito	carved
scatti	shots

97- UNA GIORNATA IN FATTORIA 97- A DAY AT THE FARM

Gli alunni della classe terza nel mese di maggio sono andati in una fattoria didattica per conoscere da vicino gli animali domestici. Appena arrivati sono stati accolti dal proprietario Pino che ha dato loro il benvenuto. Insieme hanno raggiunto il recinto dei cavalli. Ogni bambino ha potuto salire in sella del cavallo più piccolo e fare un breve giro. Successivamente la signora Nina ha richiamato i bambini nel pollaio; lì c'erano galline che beccavano il mangime, due galli dalla cresta rossa e nelle ceste tre chiocce che covavano le uova. Un gallo si è infastidito e ha fatto un battito d'ali. Francesco si è spaventato, ma è stato rassicurato dalla maestra. La visita è poi continuata nella porcilaia dove due scrofe allattavano i loro maialini. All'ora di pranzo tutti hanno fatto uno spuntino con focaccia, salame e pizza. Nel pomeriggio i piccoli esploratori hanno salutato l'asinello Ciuco e hanno dato il fieno alle caprette. E' stata davvero una giornata divertente!

The pupils of the third grade went to an educational farm in May to get to know pets up close. As soon as they arrived they were greeted by the owner Pino who welcomed them. Together they reached the horse pen. Each child was able to ride the smallest horse and take a short ride. Later Ms. Nina called the children back to the hen house; there were hens pecking the feed, two red-crested roosters and in the baskets three hens that brooded the eggs. A rooster got annoyed and flapped its wings. Francesco was frightened, but he was reassured by the teacher. The visit then continued in the pig pen where two sows suckled their piglets. At lunchtime everyone had a snack with focaccia, salami and pizza. In the afternoon, the little explorers greeted the Donkey Donkey and gave the goats hay. It was a really fun day!

Gli alunni della classe terza nel mese di maggio sono andati in una fattoria didattica. The pupils of the third grade went to an educational farm in May.
Appena arrivati sono stati accolti dal proprietario Pino. As soon as they arrived they were greeted by the owner Pino.
Insieme hanno raggiunto il recinto dei cavalli. Together they reached the horse pen.
Lì c'erano galline che beccavano il mangime. There were hens pecking the feed.
Due scrofe allattavano i loro maialini. Two sows suckled their piglets.
Tutti hanno fatto uno spuntino con focaccia, salame e pizza. Everyone had a snack with focaccia, salami and pizza.
I piccoli esploratori hanno salutato l'asinello Ciuco e hanno dato il fieno alle caprette. The little explorers greeted the donkey Ciuco and gave the goats hay.

Maialini	piglets
caprette	goats
spuntino	snack
fieno	hay
asino	donkey
fattoria didattica	educational farm
cavallo	horse
cavalcare	to ride
gallina	hen
gallo	rooster

98- UN POMERIGGIO DIVERTENTE 98- A FUN AFTERNOON

Ieri ho trascorso il pomeriggio a casa da solo perché pioveva a dirotto. Non riuscivo a decidere se guardare la televisione o leggere un libro di avventure. A un tratto, un album di fotografie ha attirato la mia attenzione. L'ho preso in mano e ho letto la data: anno 2008. Con un po' di stupore ho iniziato a sfogliarlo. Nel frattempo è arrivata la mamma, si è seduta accanto a me e mi ha detto che quell'album documentava il suo viaggio di nozze nei parchi americani. Lo abbiamo guardato insieme, finché la mamma mi ha chiesto: - Ora Giovanni hai visto i luoghi in cui vivevano indiani e cow-boys, ti piacerebbe visitarli?
Io, con grande felicità, ho risposto che sarebbe il mio sogno. Penso a quante cose avrei da raccontare ai miei compagni!

Yesterday I spent the afternoon at home alone because it was pouring with rain. I couldn't decide whether to watch television or read an adventure book. Suddenly, a photo album caught my attention. I picked it up and read the date: year 2008. With a bit of amazement, I started leafing through it. In the meantime, my mother arrived, sat next to me and told me that that album

documented her honeymoon in American parks. We watched it together, until my mother asked me:
- Now Giovanni have you seen the places where Indians and cowboys lived, would you like to visit them?
I, with great happiness, replied that it would be my dream. I think how many things I would have to tell my teammates!

Ieri ho trascorso il pomeriggio a casa da solo. Yesterday I spent the afternoon at home alone
Non riuscivo a decidere se guardare la televisione o leggere un libro di avventure. I couldn't decide whether to watch television or read an adventure book.
Un album di fotografie ha attirato la mia attenzione. A photo album caught my attention.
Ho iniziato a sfogliarlo. I started leafing through it.
Io ho risposto che sarebbe il mio sogno. I replied that it would be my dream.
Quell'album documentava il suo viaggio di nozze nei parchi americani. That album documented her honeymoon in American parks.

Album di fotografie	photo album
guardare la televisione	watch the television
leggere un libro	read a book
con un pò di stupore	with a bit of amazement
anno	year
luna di miele	honeymoon
compagni	teammates
grande felicità	great happiness

99- UN POSTO TUTTO MIO 99- A PLACE THAT IS MINE

Ieri Chiara è andata in soffitta a cercare una mantellina per la pioggia utile per le giornate dell'autunno.
La soffitta è sempre piena di tante cose, tanti ricordi e oggetti strani. La mamma dice sempre che un giorno andrà su e metterà ordine, buttando tutte le cose che non servono più. Per Chiara è un mondo speciale quello che si nasconde in soffitta. Quando se ne vuole stare da sola, perché è triste o di cattivo umore si rintana lassù, tra scatole e vecchi armadi pieni di vestiti. Stende un vecchio tappeto e sdraiata guarda fuori dalla finestra posta proprio sopra di lei. Che bello vedere il cielo, quanta serenità trova guardandolo!
Talvolta la mamma la chiama perché è pronta la cena e a malincuore lascia la sua stanza preferita. La prima volta che si è rintanata lassù la mamma si è molto spaventata perché l'aveva cercata per tutta la casa senza successo. Oramai sa che Chiara ama andare in soffitta e glielo lascia fare.
Una volta ha ritrovato i vecchi quaderni di scuola della mamma e del papà: quante risate si è fatta nel leggerli! Un'altra volta ha trovato un baule con i vestiti della mamma di vent'anni prima! Si è divertita a provarli e riprovarli, finché non ha scelto un maglione che indossa nelle fredde giornate invernali.
Chiara adora la soffitta e spera con tutto il cuore che la mamma la lascerà così com'è, piena di tante cose inutili, ma anche piena di oggetti che accendono la sua fantasia.

Yesterday Chiara went to the attic to look for a rain cape useful for autumn days.
The attic is always full of many things, many memories and strange objects. Mom always says that one day she will go up and tidy up, throwing away all the things that are no longer needed. For Chiara it is a special world that hides in the attic. When she wants to be alone, because she is sad or in a bad mood, she hides up there, among boxes and old closets full of clothes. She spreads out an old rug and, lying down, looks out the window directly above her. How beautiful to see the sky, how much serenity you find looking at it!
Sometimes Mom calls her because dinner is ready and reluctantly leaves her favorite room. The first time she holed up there, her mother was very scared because she had searched for her all over the house without success. By now she knows that Chiara loves to go to the attic and lets her do it.

Once she found her mum and dad's old school notebooks: how much laughs she got from reading them! Another time she found a trunk with her mother's clothes from twenty years ago! She enjoyed trying them on and over again, until she chose a sweater she wears on cold winter days.
Chiara loves the attic and hopes with all her heart that her mother will leave it as it is, full of many useless things, but also full of objects that spark her imagination.

La soffitta è sempre piena di tante cose. The attic is always full of many things.
Per Chiara è un mondo speciale quello che si nasconde in soffitta. For Chiara it is a special world that hides in the attic.
Stende un vecchio tappeto. She spreads out an old rug.
Guarda fuori dalla finestra posta proprio sopra di lei. She looks out the window directly above her.
Ha ritrovato i vecchi quaderni di scuola della mamma. She found her mum and dad's old school notebooks.
Ha trovato un baule con i vestiti della mamma di vent'anni prima! She found a trunk with her mother's clothes from twenty years ago!
Spera con tutto il cuore che la mamma la lascerà così com'è. She hopes with all her heart that her mother will leave it as it is.

Soffitta	attic
cercare	to look for
strano	strange
tappeto	rug
mantella della pioggia	rain cape
baule	trunk
inutili	useless
preferita	favorite
la cena è pronta	dinner is ready

100- DUE CAMERETTA NUOVE 100- TWO NEW BEDROOM

E' una serata speciale: oggi, Cristina e Mila si sono trasferite in una nuova casa insieme a mamma e papà. C'è una grossa novità per loro: ognuna avrà una cameretta tutta per sé.
-Sicuramente, stanotte non riuscirò a dormire senza di te, -bisbiglia Cristina.
- Ma no! -la tranquillizza Mila – E poi io sarò dall'altra parte del corridoio. Buona notte.
Cristina si infila nel letto, pieno di peluches e cuscini colorati. E' proprio confortevole, ma le manca la sua sorellina. Sicuramente Mila starà ancora disegnando e sarà contenta di essere da sola.
Cristina invece non riesce a dormire. Tutto le sembra estraneo nella casa nuova. Poi sente ululare: sarà il vento o un fantasma? Deve andare a controllare. Cristina trema un po' dalla paura, ma vuol essere coraggiosa. Si alza dal letto e si addentra nel corridoio buio.
- Sei tu!- grida Cristina scontrandosi con Mila.
- Mi annoiavo senza di te!- dice Mila, -Posso dormire nella tua camera?
- Ma certo! - Cristina prende Mila per mano e insieme tornano nella sua camera.
Si stringono forte nel letto: - Domani verrò io da te!- dice Cristina.
Poi si addormentano.

It is a special evening: today, Cristina and Mila moved into a new house with mom and dad. There is a big news for them: each one will have a bedroom all to themselves.
"Surely, tonight I won't be able to sleep without you," Cristina whispers.
- But no! - Mila reassures her - And then I'll be on the other side of the corridor. Good night.
Cristina gets into the bed, full of stuffed animals and colorful pillows. She is really comfortable, but she misses her little sister. Surely Mila will still be drawing and will be happy to be alone.
Cristina, on the other hand, cannot sleep. Everything seems foreign to her in the new house. Then she hears howling: will it be the wind or a ghost? She has to go check. Cristina trembles a little with fear, but she wants to be brave. She gets out of bed and walks into the dark corridor.

- It's you! - Cristina shouts, colliding with Mila.
- I was bored without you! - says Mila, - Can I sleep in your room?
- Of course! - Cristina takes Mila by the hand and together they go back to her room.
They huddle tightly in bed: - Tomorrow I'll come to you! - says Cristina.
Then they fall asleep.

Cristina e Mila si sono trasferite in una nuova casa. Cristina and Mila moved into a new house.
Ognuna avrà una cameretta tutta per sé. Each one will have a bedroom all to themselves.
E' proprio confortevole, ma le manca la sua sorellina. She is really comfortable, but she misses her little sister.
Si alza dal letto e si addentra nel corridoio buio. She gets out of bed and walks into the dark corridor.
Si stringono forte nel letto. They huddle tightly in bed.
Poi si addormentano. Then they fall asleep.

Sussurrare	to whisper
trasferirsi	to move
l'altro lato	the other side
corridoio	corridor
ululare	howling
controllare	to check
mi annoioavo	I was bored
stanza	room
mano	hand

101- IL TALISMANO 101- THE TALISMAN

- Fate largo!- urla Osvaldo.
Allarga le braccia e sfreccia accanto a Lino, simulando un aereo. Suo fratello gemello, Mauro, lo segue a ruota. I due passano vicino a Lino e gli danno una spinta.
- Attenti! - grida Lino, ma i gemelli non lo ascoltano.
- Che rabbia!- dice Monia, una bambina che abita vicino a casa sua. Lino fa cenno di sì con la testa.
- Per loro è come se non esistessi! - continua la bambina, poi, tirando fuori un cavallino rosa dalla tasca dice: - Guarda qui, Lino! Questo è il mio talismano. Mi dà coraggio. Forse anche tu ne avresti bisogno.
- Buona idea!- risponde Lino, ma un cavallo rosa non è adatto a lui.
Tornando a casa cerca tra le sue cose, ma non riesce a trovare un talismano che possa andargli bene.
- Che cosa stai cercando?- gli chiede il papà. Lino gli racconta del talismano e del motivo per cui ne ha bisogno.
- Qui dovrei avere qualcosa per te!- dice il papà, mentre fruga in una scatola.
Il papà mette nella mano di Lino un piccolo cavaliere. E' nero, ha una piuma rossa sull'elmo e una spada d'argento in mano.
- Quando ero piccolo, c'erano dei bambini che facevano i prepotenti, - racconta il papà, - poi mi è stato regalato questo cavaliere. Ora io lo passo a te.
Lino è felicissimo: il cavaliere è il talismano perfetto!
La mattina dopo, Lino lo mette subito alla prova. Come al solito, alla fermata dell'autobus, i gemelli vogliono passare avanti a tutti.
- Fermi!- grida Lino. - Sono arrivato prima io.
Osvaldo e Mauro si guardano stupefatti.
- Scusa!- borbotta Osvaldo, mentre Mauro lascia passare Lino.
Lino è contento e stringe forte nella mano il suo cavaliere.

- Make way! - Osvaldo yells.
Osvaldo spread his arms and whiz past Lino, simulating a plane. His twin brother, Mauro, follows him closely. The two pass by Lino and give him a push.

- Watch out! - Lino shouts, but the twins don't listen to him.
- What anger! - says Monia, a little girl who lives near his house. Lino nods his head yes.
- For them it is as if you did not exist! - continues the little girl, then, taking out a pink pony from her pocket she says: - Look here, Lino! This is my talisman. It gives me courage. Maybe you would need it too.
- Good idea! - Lino answers, but a pink horse is not suitable for him.
Returning home he searches through his things, but cannot find a talisman that will suit him.
- What are you looking for? - asks his dad. Lino tells him about the talisman and why he needs it.
- Here I should have something for you! - says the father, while rummaging in a box.
The father puts a little knight in Lino's hand. He is black, has a red feather on his helmet and a silver sword in his hand.
- When I was little, there were children who bullied, - says the father, - then this knight was given to me. Now I pass it to you.
Lino is very happy: the knight is the perfect talisman!
The next morning, Lino immediately puts him to the test. As usual, at the bus stop, the twins want to pass everyone ahead.
- Stop! - Lino shouts. - I got here first.
Osvaldo and Mauro look at each other in amazement.
- Sorry! - Osvaldo mutters, while Mauro lets Lino pass.
Lino is happy and holds his knight tightly in his hand.

I due passano vicino a Lino e gli danno una spinta. The two pass by Lino and give him a push.
Ma i gemelli non lo ascoltano. But the twins don't listen to him.
Per loro è come se non esistessi! For them it is as if you did not exist!
Non riesce a trovare un talismano che possa andargli bene. He cannot find a talisman that will suit him.
Mi dà coraggio. It gives me courage.
Il papà mette nella mano di Lino un piccolo cavaliere. The father puts a little knight in Lino's hand.
C'erano dei bambini che facevano i prepotenti. There were children who bullied.
Lino è contento e stringe forte nella mano il suo cavaliere. Lino is happy and holds his knight tightly in his hand.

Fate largo!	**Make way!**
Simulare	**to simulate**
aereo	**plane**
cavaliere	**knight**
spinta	**push**
cercare	**to search**
piuma	**feather**
spada	**sword**
passare davanti	**pass ahead**

STORIE DI NATALE- CHRISTMAS TREE

102.L'ALBERO DEL NATALE 102. THE CHRISTMAS TREE

C'era una volta in un bosco magico un albero speciale che raccontava sempre tantissime storie ai bambini del villaggio. Era un albero enorme, pieno di rami maestosi: faceva ombra in estate e nella stagione fredda riparava da pioggia e neve. Ogni giorno aveva storie nuove, ogni giorno era piacevole ascoltarlo. I bambini amavano starsene lì sotto, si sentivano protetti e coccolati. I loro genitori li lasciavano volentieri sotto l'albero perché era un luogo sicuro. Quei bambini erano davvero fortunati e l'albero si sentiva davvero grato perché faceva stare bene quei bambini e quando di pomeriggio, dopo la scuola, sentiva le vocine dei bambini avvicinarsi si riempiva di gioia immensa.

Ma un giorno notò che i bambini stavano diminuendo sempre di più, sempre meno bambini si mettevano comodi sotto l'albero per ascoltare le storie. Come mai? Allora l'albero si inventava storie sempre più intriganti e divertenti per invogliarli, ma niente da fare. Arrivò un giorno che si presentò solo un bambino: allora l'albero gli chiese dove fossero finiti gli altri amici.

- Caro amico albero, purtroppo da qualche settimana è arrivato il circo nel villaggio e tutti i bambini passano i loro pomeriggi là, tra animali, spettacoli di clown e giocoleria. Mi dispiace, ma il circo è più divertente che stare qui sotto ad ascoltare le storie.

Il giorno successivo anche quell'unico bambino che ancora amava ascoltare le storie non si presentò e l'albero finì per passare il suo pomeriggio in silenzio, guardando verso il villaggio in modo sconsolato. A nulla servirono i suoi richiami: - Bambini dove siete? Vi sto aspettando! Ho delle bellissime storie per voi!

Passò una settimana, poi un'altra e l'amico albero cominciò a sentire una forte tristezza e solitudine. Nel frattempo i suoi rami frondosi che non temevano né il caldo, né il freddo, cominciarono lentamente ad afflosciarsi verso il terreno e l' amico albero non aveva più nemmeno un sorriso per i passerotti che passavano di lì. Il suo cuore piano piano si gelò perché non era più riscaldato dalle voci e dai sorrisi dei bambini. Si sentiva inutile.

Arrivò la vigilia di Natale e tutti i bambini del villaggio si riunirono per andare di casa in casa a intonare canti natalizi. Lungo il loro percorso passarono davanti all'amico albero che ormai era tutto ghiacciato. Rimasero tutti senza parole, era diventato irriconoscibile! Erano molto tristi nel vederlo così e non potevano proseguire la loro processione in allegria vedendo il loro amico albero così triste. Piano piano i bambini accerchiarono l'albero con le loro lanterne e iniziarono a cantare le canzoni del Natale proprio al loro amico.

L'albero sentendo le voci dei suoi bambini piano piano si sciolse e il suo cuore cominciò lentamente a battere. Era meraviglioso sentire le voci dei bambini attorno a lui. Fu una notte indimenticabile, fu una notte di calore e amicizia. Fu un Natale speciale per tutti. Da quel giorno i bambini non lasciarono mai più solo il loro amico albero.

Once upon a time in a magical forest there was a special tree that always told many stories to the children of the village. It was a huge tree, full of majestic branches: it provided shade in summer and in the cold season it sheltered from rain and snow. Every day it had new stories, every day it was pleasant to hear him. Children loved being down there, they felt protected and pampered. Their parents gladly left them under the tree because it was a safe place. Those children were really lucky and the tree felt really grateful because it made those children feel good and when in the afternoon, after school, it heard the little voices of the children approaching it was filled with immense joy.

But one day he noticed that the children were decreasing more and more, fewer and fewer children were making themselves comfortable under the tree to listen to the stories. Why? Then the tree invented increasingly intriguing and funny stories to entice them, but nothing to do. One day came when only a child showed up: then the tree asked him where the other friends had ended up.

- Dear friend tree, unfortunately the circus has arrived in the village a few weeks ago and all the children spend their afternoons there, among animals, clown shows and juggling. I'm sorry, but the circus is more fun than being down here listening to the stories.

The next day even that one child who still loved listening to stories did not show up and the tree ended up spending its afternoon in silence, looking sadly towards the village. Its calls were of no use: - Children where are you? I am waiting for you! I have great stories for you!

A week passed, then another and the friend tree began to feel a strong sadness and loneliness. In the meantime, its leafy branches, which feared neither heat nor cold, slowly began to sag towards the ground and the friend tree no longer even had a smile for the sparrows that passed by. Its heart slowly froze because it was no longer warmed by the voices and smiles of the children. It felt useless.

Christmas Eve came and all the children of the village gathered to go from house to house to sing Christmas carols. On their way they passed in front of the friend tree which was now completely frozen. They were all speechless, it had become unrecognizable! They were very sad to see it like this and could not continue their procession in joy seeing their friend tree so sad. Little by little the children surrounded the tree with their lanterns and began to sing Christmas songs to their friend.

The tree, hearing the voices of its children, slowly melted and its heart slowly began to beat. It was wonderful to hear the voices of the children around it.

It was an unforgettable night, it was a night of warmth and friendship. It was a special Christmas for everyone. From that day on, the children never left their friend tree alone.

C'era un albero speciale che raccontava sempre tantissime storie ai bambini del villaggio. There was a special tree that always told many stories to the children of the village

Faceva ombra in estate e nella stagione fredda riparava da pioggia e neve. It provided shade in summer and in the cold season it sheltered from rain and snow.

L'amico albero cominciò a sentire una forte tristezza e solitudine. The friend tree began to feel a strong sadness and loneliness.

L'albero si sentiva davvero grato perché faceva stare bene quei bambini. The tree felt really grateful because it made those children feel good.

Purtroppo da qualche settimana è arrivato il circo nel villaggio. Unfortunately the circus has arrived in the village a few weeks ago.

I bambini accerchiarono l'albero con le loro lanterne e iniziarono a cantare le canzoni del Natale. The children surrounded the tree with their lanterns and began to sing Christmas songs.

Arrivò la vigilia di Natale e tutti i bambini del villaggio si riunirono per andare di casa in casa a intonare canti natalizi. Christmas Eve came and all the children of the village gathered to go from house to house to sing Christmas carols.

I bambini non lasciarono mai più solo il loro amico albero. The children never left their friend tree alone.

Era meraviglioso sentire le voci dei bambini attorno a lui. It was wonderful to hear the voices of the children around it.

Voci	voices
vigilia di Natale	Christmas Eve
canti di Natale	Christmas carols
circondare	to surround
grato	grateful
circo	circus
indimenticabile	unforgettable
coccolati	pampered
solitudine	loneliness
lasciare solo	to leave alone

I RACCONTI DELL'AMICO ALBERO

103. LE VACANZE DI BABBO NATALE 103. SANTA' S VACATION

Babbo Natale vive intensi periodi di lavoro nei quali non ha un attimo di riposo, perché tutti i bambini del mondo attendono i loro regali, e si sa, i bambini non possono aspettare di ricevere il loro regalo il giorno successivo, figuriamoci una settimana dopo. Quindi, già dal mese di febbraio Babbo Natale lavora intensamente per reperire tutti gli strumenti che gli servono per fabbricare i giocattoli, fa eseguire una bella manutenzione alle fabbriche e organizza il lavoro di tutti gli elfi per i mesi successivi. Quando poi, da ottobre/novembre cominciano ad arrivare le prime letterine dei bambini, è tutto in fermento: tanti elfi aiutano Babbo Natale nella lettura delle letterine, altri elfi sono già pronti nelle fabbriche per produrre i giochi richiesti e un altro bel gruppo di elfi inizia ad impacchettare e a preparare la lista dei pacchi. Non dimentichiamoci che ci sono elfi che si occupano di tenere in forma le renne: le portano a fare ginnastica ogni mattina, danno loro cibi salutari e controllano lo stato degli zoccoli per il grande giorno, la Vigilia di Natale. Tutti i regali già impacchettati sono conservati in un grande magazzino pronti per essere caricati sulla slitta.
Ma in tutto questo lavorare, Babbo Natale, quand'è che si riposa? Quand'è che anche lui ricarica le sue batterie?
Bambini, ve lo devo proprio dire: appena Babbo Natale rientra dalla sua consegna prepara la valigia e parte, va in vacanza per un mese intero con le sue renne. Lo so che siete curiosi di sapere dove! Lo so che volete andare a cercarlo!
Ebbene sì, Babbo Natale va nei paesi caldi, va alle Bahamas con le sue renne. Qui fa lunghe nuotate, fa kite surf con le renne, si stende sulla sabbia calda con il suo grande pancione e lo potrete riconoscere dal suo costume da bagno: è tutto rosso e pieno di renne che saltano. Ovviamente porta sempre la barba lunga e gli occhialini: si diverte a leggere le storie di San Nicola, di Santa Lucia, della Befana. Caso mai passaste da quelle parte, salutatelo da parte mia!

Santa Claus lives intense periods of work in which he doesn't have a moment's rest, because all the children of the world are waiting for their presents, and you know, children can't wait to receive their present the next day, let alone a week later. So, since February, Santa Claus has been working hard to find all the tools he needs to make toys, he has the factories do a lot of maintenance and organizes the work of all the elves for the following months. Then, from October/November, when the first letters from the children start to arrive, everything is in turmoil: many elves help Santa Claus in reading the letters, other elves are already ready in the factories to produce the required games and another nice group of elves start packing and preparing the list of packages. Let's not forget that there are elves that keep the reindeer in shape: they take them to exercise every morning, give them healthy food and check the condition of the clogs for the big day, Christmas Eve. All the gifts already packed are stored in a department store ready to be loaded onto the sleigh. But in all this work, Santa Claus, when does he rest? When does he recharge his batteries too? Children, I have to tell you: as soon as Santa comes back from his delivery he prepares his suitcase and leaves, he goes on vacation for a whole month with his reindeer. I know you are curious to know where! I know you want to go and look for him!
Yes, Santa Claus goes to hot countries, he goes to the Bahamas with his reindeer. Here he goes for long swims, kitesurfing with reindeer, lies on the hot sand with his big belly and you can recognize him by his swimsuit: he's all red and full of jumping reindeer. Of course he always wears a long beard and goggles: he has fun reading the stories of St. Nicholas, St. Lucia, the Befana. If you ever pass   that   way,   say   hello   to   him   from   me!

Babbo Natale vive intensi periodi di lavoro nei quali non ha un attimo di riposo. Santa Claus lives intense periods of work in which he doesn't have a moment's rest.
Tanti elfi aiutano Babbo Natale nella lettura delle letterine. Many elves help Santa Claus in reading the letters.
Ci sono elfi che si occupano di tenere in forma le renne: le portano a fare ginnastica ogni mattina. There are elves that keep the reindeer in shape: they take them to exercise every morning.
 Babbo Natale, quand'è che si riposa? Santa Claus, when does he rest?
Appena Babbo Natale rientra dalla sua consegna prepara la valigia e parte. As soon as Santa comes back from his delivery he prepares his suitcase and leaves.

Va in vacanza per un mese intero con le sue renne. He goes on vacation for a whole month with his reindeer.
Babbo Natale va nei paesi caldi, va alle Bahamas con le sue renne. Santa Claus goes to hot countries, he goes to the Bahamas with his reindeer.

Renne	reindeers
fermento	turmoil
vacanze	holidays/ vacation
riposarsi	to rest
valigie	suitcases
grande pancione	big belly
barba lunga	long beard
attimo di riposo	moment's rest
consegna	delivery
elfi	elves

104. BABBO NATALE 104. SANTA CLAUS

Sono un babbo davvero speciale,
infatti mi chiamo Babbo Natale.
La divisa che indosso
è di un bel colore rosso.
Stivali, cintura e berretto
fatto di me un babbo perfetto.
Vivo al Polo Nord in mezzo alla neve
che cade ogni giorno sempre lieve.
Da novembre ogni mattino
leggo la posta di ogni bambino.
Mi aiutano gli gnomi grassotti
incartando giochi e orsacchiotti.
Ho una slitta trainata da renne
e il 24 vi porto le strenne.
Arrivo tra vento e bufere
senza farmi da nessuno vedere.
Salgo svelto sopra il tetto
e scendo giù dal caminetto.
Sotto l'albero di Natale colorato
metto i giocattoli che mi hai ordinato.
Se mi lasci un biscottino
lo accetto caro bambino.
Se alle renne vuoi pensare
qualche carota puoi lasciare.
Ti lascio dormire ancora un pochino
presto suonerà la sveglia del mattino.
Con stupore e tanta felicità
anche quest'anno un Natale speciale arriverà.

I am a very special daddy,
in fact my name is Santa Claus.
The uniform I wear
is a beautiful red color.
Boots, belt and cap
made me a perfect father.
I live at the North Pole in the snow
that falls every day always light.

From November every morning
I read each child's mail.
Fat gnomes help me
wrapping games and teddy bears.
I have a sleigh pulled by reindeer
and on the 24th I bring you presents.
Arrival between wind and storms
without being seen by anyone.
I quickly climb over the roof
and come down the fireplace.
Under the colorful Christmas tree
I put the toys you ordered.
If you leave me a cookie
I accept it dear child.
If you want to think about reindeer
some carrots you can leave.
I let you sleep a little more
will soon ring the alarm clock in the morning.
With amazement and much happiness
Also this year a special Christmas will come.

La divisa che indosso è di un bel colore rosso. The uniform I wear
is a beautiful red color.
Ho una slitta trainata da renne e il 24 vi porto le strenne. I have a sleigh pulled by reindeer and
on the 24th I bring you presents.
Salgo svelto sopra il tetto. I quickly climb over the roof.
Se mi lasci un biscottino lo accetto caro bambino. If you leave me a cookie I accept it dear
child.
Anche quest'anno un Natale speciale arriverà. Also this year a special Christmas will come.

Tetto	roof
biscotto	cookie
slitta	sleigh
divisa	uniform
stivali	boots
cintura	belt
Polo Nord	North Pole
camino	fireplace
giocattoli	toys

105. IL SACCO MANCANTE 105 THE MISSING BAG

Era la vigilia di Natale e tutti i bambini aspettavano ansiosi i doni da Babbo Natale. In cielo brillavano tantissime stelle e in una casetta nel freddo Polo Nord un vecchio dalla barba bianca si preparava a vivere una notte magica...
-Ohibò, ohibò questa notte tardi farò!, borbottava Babbo Natale che ormai non era più un giovincello e cominciava ad avere qualche acciacco. Per tutto l'anno aveva costruito giocattoli di Natale nella sua fabbrica aiutato dagli gnomi, folletti ed elfi e quella notte sarebbe andato a distribuirli a tutti i bambini buoni sulla sua slitta trainata dalle otto renne volanti. Infilandosi gli stivali, Babbo Natale pensava a tutte le letterine che i bambini gli avevano scritto. L'anno precedente aveva fatto un po' di confusione, la vista cominciava a dare problemi e così, qualche maschietto aveva ricevuto una bambola e qualche bambina ruspe e trattori! Quest'anno sarebbe filato tutto dritto! Babbo Natale uscì di casa e cominciò a caricare i sacchi. Uno, due, cinque, dieci, cento, mille...Come riuscisse a farli stare tutti sulla slitta e a recapitarli in una sola notte è un mistero.
-Magia, magia, tutti i sacchi sulla mia slitta mi porto via!

116

-Ehi, Babbo Natale – lo chiamò Cometa, una delle sue renne volanti -ci sarebbe un problemino! Il postino ha appena recapitato un altro sacco di lettere!
Babbo Natale non sapeva che fare, le poste di tutto il mondo erano sempre in ritardo, d'altra parte non era facile raggiungere il Polo Nord! Dal prossimo anno si sarebbe fatto fare un sito web, così avrebbe ricevuto le letterine dei suoi bambini via mail! Doveva ricordarsi di proporlo ai suoi elfi informatici.
Gli venne un'idea: - Un modo forse l'ho trovato: chiama tutte le renne, anche il pigro Donato!
La renna Cometa corse a chiamare le altre sette renne che trainavano la magica slitta. Ecco che arrivarono tutte e per ultimo Donato. Babbo Natale raccontò alle renne quello che era successo e chiese il loro aiuto. Cinque di loro sarebbero andate nella casa di Babbo Natale a leggere le letterine e a preparare altri sacchi di regali. Poi avrebbero preso la sua slitta di riserva e avrebbero raggiunto Babbo Natale e le altre tre renne. La renna volante che conosceva le strade del firmamento li avrebbe guidati.
-Fate presto, mi raccomando, i bambini stanno aspettando!
Detto questo Babbo Natale attaccò alla sua slitta la veloce Cometa e altre due renne.
-Veloci corriamo, il cielo solchiamo!- cantava Babbo Natale mentre la slitta già volava!

It was Christmas Eve and all the children were anxiously waiting for the gifts from Santa Claus. Many stars were shining in the sky and in a small house in the cold North Pole an old man with a white beard was preparing to live a magical night...
-Oh, oh, oh, oh, oh, oh! For the whole year he had built Christmas toys in his factory helped by gnomes, goblins and elves and that night he was going to distribute them to all the good children on his sleigh pulled by the eight flying reindeer. Putting on his boots, Santa thought of all the letters that the children had written to him. The previous year he had made a bit of a mess, the sight was beginning to give problems and so, some boys had received a doll and some girls had received bulldozers and tractors! This year everything would have gone straight this year! Santa came out of the house and started loading the bags. One, two, five, ten, a hundred, a thousand... How he managed to get them all on the sleigh and deliver them in one night is a mystery.
-Magic, magic, all of the sacks on my sleigh, I'm taking away!
-Hey, Santa Claus,- called Comet, one of his flying reindeer, -there's a little problem! The postman just delivered another bag of letters!
Santa Claus didn't know what to do, the post office all over the world was always late, on the other hand it was not easy to reach the North Pole! From next year he would have a website, so he would receive letters from his children by email! He had to remember to propose it to his computer elves.
He had an idea: - One way maybe I found it: call all the reindeer, even the lazy Donato!
Comet reindeer ran to call the other seven reindeer pulling the magic sleigh. Here they all arrived and last Donato. Santa told the reindeer what had happened and asked for their help. Five of them would go to Santa's house to read the letters and prepare more bags of presents. Then they would take his spare sleigh and join Santa Claus and the other three reindeer. The flying reindeer who knew the streets of the firmament would drive them.
-Hurry, please, the children are waiting!
Said this Santa Claus attached the fast Comet and two other reindeer to his sleigh.
-Let's hurry up, the sky is plowing! - Santa Claus was singing while the sleigh was already flying!

Un vecchio dalla barba bianca si preparava a vivere una notte magica. An old man with a white beard was preparing to live a magical night.
Tutti i bambini aspettavano ansiosi i doni da Babbo Natale. All the children were anxiously waiting for the gifts from Santa Claus.
Babbo Natale pensava a tutte le letterine che i bambini gli avevano scritto. Santa thought of all the letters that the children had written to him.
Il postino ha appena recapitato un altro sacco di lettere! The mailman just delivered another bag of letters!

Dal prossimo anno si sarebbe fatto fare un sito web, così avrebbe ricevuto le letterine dei suoi bambini via mail! From next year he would have a website, so he would receive letters from his children by email!

Cinque di loro sarebbero andate nella casa di Babbo Natale a leggere le letterine. Five of them would go to Santa's house to read the letters.

Veloci corriamo, il cielo solchiamo! Let's hurry up, the sky is plowing!

Notte magica	magical night
stelle	stars
vecchietto	old man
postino	postman
consegnare	to deliver
distribuire	to distribute
renne volanti	flying reindeers
ricevere	to receive
attendere/ aspettare	to wait

106. L' ABETE PINOTTO 106. PINOTTO THE FIR

Tra le alte vette delle montagne cade copiosa la neve e ricopre tutto con il suo candido manto. Lì un tempo viveva un abete piccolo e grazioso di nome Pinotto, un abete come tanti, ma con tanta ambizione: voleva andare ad abitare in città, voleva stare in mezzo alla gente.

Da lassù vedeva le case del villaggio lontano, le finestre illuminate e i bimbi che giocavano tra la neve.

Arrivò la vigilia di Natale e il papà di Marco pensò di regalare ai suoi figli un abete da decorare. Andò nel bosco e vide proprio Pinotto, che, salutati gli amici, si lasciò trasportare sulla slitta colmo di gioia perché cambiava casa. Dopo mezz'ora arrivarono a casa, dove la mamma e i due bambini accolsero calorosamente Pinotto. Lo misero al centro del salotto e infilarono il tronco in un vaso colmo di terra. Subito iniziarono a decorarlo con palline, stelle dorate, candeline e ghirlande: Pinotto era bellissimo e finalmente felice! Quella notte, mentre tutti stavano dormendo, entrò silenzioso Babbo Natale che lasciò tanti pacchettini sotto l'albero! Non poteva credere ai propri occhi, Babbo Natale in persona!

Al mattino tutti scartarono i loro regali e i bimbi erano colmi di gioia! Pinotto avrebbe voluto saltare di gioia con loro e raccontare che la notte precedente aveva visto Babbo Natale, ma non era possibile. Passarono tutti i giorni delle festività e poi un bel giorno Pinotto fu spogliato degli addobbi e cominciò a sentirsi triste, perché sapeva che sarebbe dovuto tornare nel bosco.

Durante i giorni di festa aveva tenuto compagnia ai bambini e aggiunto alla casa un'atmosfera calda e raggiante. Così, il papà di Marco decise di tenerlo lì a casa con loro e lo piantò nel giardino. Pinotto diventò alto e frondoso, felice di tenere compagnia ai bambini sia in estate che in inverno e il giardino diventò la sua nuova casa. Ricordate bambini, riportate sempre gli alberi nel loro ambiente naturale o altrimenti moriranno!

Between the high peaks of the mountains falls abundant snow and covers everything with its white mantle. There once lived a small and pretty fir tree called Pinotto, a fir like many others, but with a lot of ambition: it wanted to go and live in the city, it wanted to be among the people.

From up there it could see the houses of the village far away, the windows lit and the children playing in the snow.

It arrived Christmas Eve and Marco's dad thought to give his children a fir tree to decorate. He went into the woods and saw Pinotto itself, who, greeting its friends, let itself be carried away on the sleigh full of joy because it was moving house. After half an hour they arrived home, where the mother and two children warmly welcomed Pinotto. They put it in the center of the living room and put the trunk in a vase full of earth. They immediately began to decorate it with balls, golden stars, candles and garlands: Pinotto was beautiful and finally happy! That night, while everyone was sleeping, Santa Claus came in quietly and left lots of little packages under the tree! It couldn't believe its own eyes, Santa Claus himself!

118

In the morning everyone discarded their gifts and the children were full of joy! Pinotto would have wanted to jump for joy with them and tell them that the night before it had seen Santa Claus, but it was not possible. They spent every day of the holidays and then one fine day Pinotto was stripped of its decorations and began to feel sad because it knew it had to go back to the woods.

During the festive days it had kept the children company and added a warm and radiant atmosphere to the house. So, Marco's dad decided to keep it there at home with them and planted it in the garden. Pinotto became tall and leafy, happy to keep the children company both in summer and winter and the garden became its new home. Remember children, always bring the trees back to their natural environment or else they will die!

Lì un tempo viveva un abete piccolo e grazioso di nome Pinotto. There once lived a small and pretty fir tree called Pinotto.

Voleva andare ad abitare in città. He wanted to go and live in the city.

Pinotto fu spogliato degli addobbi e cominciò a sentirsi triste. Pinotto was stripped of his decorations and began to feel sad.

Subito iniziarono a decorarlo con palline, stelle dorate, candeline e ghirlande. They immediately began to decorate it with balls, golden stars, candles and garlands.

Non poteva credere ai propri occhi, Babbo Natale in persona! It couldn't believe its own eyes, Santa Claus himself!

Il papà di Marco decise di tenerlo lì a casa con loro. Marco's dad decided to keep it there at home with them.

Riportate sempre gli alberi nel loro ambiente naturale o altrimenti moriranno! Always bring the trees back to their natural environment or else they will die!

Abete	fir
tra	among
paese	village
candido manto	white mantle
il papà di Marco	Marco's dad
neve	snow
da lassù	from up there
wood	bosco
decorazioni	decorations
ambiente	environment

107. IL REGALO DEL PASSEROTTO 107. THE GIFT OF THE SPARROW

C'era una volta una famiglia povera che viveva nel bosco. Arrivata la stagione invernale il padre, la madre e i tre figli non riuscirono più ad avere il cibo necessario per sopravvivere: con l'arrivo delle piogge il padre che era un boscaiolo non riusciva più ad andare nel bosco e tagliare la legna per venderla. La mamma che cuciva abiti, copertine e accessori aveva finito la stoffa e con il brutto tempo non riusciva più a recarsi in paese per acquistarla. I tre figli erano impossibilitati ad andare a scuola per via delle piene del fiume che dovevano attraversare ogni mattina per scendere al villaggio. Era rimasta una capretta che produceva latte e con quello potevano fare un po' di formaggio. Passavano le giornate in casa sperando che la pioggia diminuisse e se ne stavano vicini per scaldarsi, dato che la legna per il camino scarseggiava.

Dopo qualche giorno la pioggia diventò neve e i disagi diventarono davvero insopportabili.

Peter, il figlio più piccolo avrebbe desiderato tanto la serenità per la sua famiglia e spesso si metteva in un angolo della casa a pregare. Un giorno, mentre scendeva copiosa la neve notò un piccolo passerotto che si avvicinava alla finestra in cerca di cibo. Peter non esitò un attimo, andò nella dispensa ormai vuota e racimolò qualche briciola di pane secco dagli angoli. Il piccolo passerotto sembrò non temere il bambino e rimase a mangiare le briciole sul palmo della sua mano, riconoscente per quel gesto. Peter fu molto felice di donare all'uccellino quel poco che aveva, aveva imparato questa generosità dalla sua famiglia, che non si era mai tirata indietro nell'aiutare gli altri.

Arrivò la Vigilia di Natale e il povero boscaiolo, sempre più disperato, guardò il cielo bianco, carico di neve per ricevere un aiuto dall'alto, proprio in quella notte magica. In quel momento vide un passerotto davanti alla finestra, era lo stesso passerotto a cui Peter aveva dato delle briciole e gli disse:
-Non temere boscaiolo, abbi fiducia, le tue preghiere verranno esaudite in questa notte magica!
Il boscaiolo andò a letto con molta fiducia e per la prima volta dopo molti mesi riposò sereno e fiducioso.
All'alba del giorno di Natale il passerotto tornò e beccò il vetro della modesta casetta. Il boscaiolo si svegliò, si alzò e dalla finestra notò che il sole stava sciogliendo gran parte della neve. Davanti alla porta c'era una slitta e un biglietto che diceva: "Questa è la slitta che Babbo Natale ha lasciato a voi questa notte, perché ne avete davvero bisogno!"
Quale gioia provò il boscaiolo! La slitta era essenziale per andare nel bosco a tagliare la legna e trasportarla, era utile ai suoi figli per andare a scuola e a sua moglie per andare al villaggio ad acquistare le stoffe e rivendere i prodotti realizzati.
Era un regalo immenso per loro, il più bel regalo di Natale!

Once upon a time there was a poor family who lived in the woods. When the winter season arrived, the father, mother and three children were no longer able to have the food necessary to survive: with the arrival of the rains, the father who was a lumberjack was no longer able to go into the woods and cut wood to sell it. The mother who sewed clothes, covers and accessories had run out of fabric and in bad weather she could no longer go to the village to buy it. The three children were unable to go to school due to the floods of the river that they had to cross every morning to go down to the village.
There was a little goat left that produced milk and with that they could make some cheese. They spent their days indoors hoping that the rain would decrease and they stayed close to warm themselves, as wood for the fireplace was scarce.
After a few days the rain turned to snow and the discomforts became really unbearable.
Peter, the youngest son, would have wanted so much serenity for his family and often he would sit in a corner of the house to pray. One day, while the snow was falling, he noticed a small sparrow approaching the window in search of food. Peter did not hesitate a moment, went into the now empty pantry and picked up a few crumbs of dry bread from the corners. The little sparrow seemed not to fear the child and sat eating the crumbs on the palm of his hand, grateful for that gesture. Peter was very happy to give the little bird he had, he had learned this generosity from his family, who had never held back in helping others.
Christmas Eve arrived and the poor lumberjack, more and more desperate, looked at the white sky, laden with snow to receive help from above, on that magical night. At that moment he saw a sparrow in front of the window, it was the same sparrow to which Peter had given some crumbs and he said to him: -Do not fear lumberjack, trust, your prayers will be answered in this magical night!
The lumberjack went to bed with great confidence and for the first time in many months he rested calmly and confidently.
At dawn on Christmas Day, the sparrow returned and pecked at the glass of the modest house. The lumberjack woke up, got up and saw from the window that the sun was melting much of the snow. In front of the door there was a sleigh and a note that said: "This is the sleigh that Santa Claus left for you this night, because you really need it!"
What joy the lumberjack felt! The sleigh was essential to go into the woods to cut wood and transport it, it was useful for his children to go to school and for his wife to go to the village to buy the fabrics and resell the products made.
It was a huge gift for them, the best Christmas present!

C'era una volta una famiglia povera che viveva nel bosco. Once upon a time there was a poor family who lived in the woods.
Era rimasta una capretta che produceva latte. There was a little goat left that produced milk.
La legna per il camino scarseggiava. The wood for the fireplace was scarce.

La pioggia diventò neve e i disagi diventarono davvero insopportabili. The rain turned to snow and the discomforts became really unbearable.

Un giorno, notò un piccolo passerotto che si avvicinava alla finestra in cerca di cibo. One day he noticed a small sparrow approaching the window in search of food.

Peter fu molto felice di donare all'uccellino quel poco che aveva. Peter was very happy to give the little bird he had.

Il boscaiolo andò a letto con molta fiducia. The lumberjack went to bed with great confidence.

Questa è la slitta che Babbo Natale ha lasciato a voi questa notte, perché ne avete davvero bisogno! This is the sleigh that Santa Claus left for you this night, because you really need it!

Il più bel regalo di Natale! The best Christmas present!

Passerotto	sparrow
boscaiolo	lumberjack
moglie	wife
stoffe	fabrics
briciole	crumbs
pane secco	dry bread
preghiere	prayers
piene del fiume	floods of the river
cucire	to sew

108. IL PUPAZZO DI NEVE 108. THE SNOWMAN

Era una fredda mattina di dicembre. Candidi fiocchi di neve cadevano leggeri dal cielo, ricoprendo le case di un soffice manto bianco.

-Svelti, bambini, venite a guardare la neve!- chiamò la mamma di Sara e Matteo. Il Natale era alle porte e i fratellini aspettavano ansiosi l'arrivo delle feste.

Si vestirono bene con berretta, guanti e sciarpa e corsero fuori.

- Facciamo un pupazzo?-propose Matteo

- Un pupazzo di neve? Ma io voglio giocare con il mio slittino. -borbottò Sara, che non vedeva l'ora di scivolare sulla neve con il suo slittino nuovo.

- Ok, allora ognuno farà ciò che preferisce -suggerì Matteo.

Matteo iniziò a raccogliere la neve, mentre la sua sorellina slittava. Quando Sara vide che il pupazzo di neve stava prendendo forma, decise incuriosita di andarlo ad aiutare.

- Ora dobbiamo fare un'altra palla di neve per fare la testa – spiegò Matteo, contento per la collaborazione di sua sorella.

Matteo si fece aiutare da Sara a sollevare la testa sul corpo e all'improvviso si ricordò della storia che la mamma gli aveva raccontato quando erano piccoli:

- Sara, ti ricordi la storia del pupazzo di neve? - chiese alla sorellina.

Sara annuì con la testa, anche lei ricordava benissimo la storia del pupazzo di neve che desiderava volare per andare nel paese dei pupazzi.

Verso sera il pupazzo era concluso, i due bambini l'avevano reso bellissimo, nel caso anche lui fosse volato nel paese dei pupazzi. Aveva una bellissima sciarpa rossa attorno al collo abbinata ad un cappello con il pon pon, un carota lunga per il naso e due bellissimi bottoni di madreperla per gli occhi; infine una buccia di arancia era diventata la bocca sorridente del pupazzo.

Avevano scelto per lui il nome "Frizz". La sera, quando il papà tornò dal lavoro rimase molto meravigliato dalla bellezza di Frizz.

La sorpresa più grande arrivò il giorno dopo: proprio come la storia che la mamma aveva letto ai bambini, Frizz era partito ed era volato nel paese dei pupazzi di neve a festeggiare insieme con i suoi amici il Natale.

It was a cold December morning. White snowflakes fell lightly from the sky, covering the houses with a soft white mantle.

-Hurry up, children, come and look at the snow! - called Sara and Matteo's mother. Christmas was just around the corner and the little brothers were anxiously awaiting the arrival of the holidays.

They dressed well with beret, gloves and scarf and ran outside.
- Shall we make a snowman? - proposed Matteo
- A snowman? But I want to play with my toboggan. -she muttered Sara, who couldn't wait to slide on the snow with her new toboggan.
- Ok, then everyone will do what they prefer -suggested Matteo.
Matteo started to collect the snow, while his little sister was sledding. When Sara saw that the snowman was taking shape, she decided to go and help him.
- Now we have to make another snowball to make the head - explained Matteo, happy for the collaboration of his sister.
Matteo had Sara help him to lift his head over his body and suddenly he remembered the story that his mother had told him when they were little:
- Sara, do you remember the story of the snowman? - he asked his little sister.
Sara nodded with her head, she also remembered the story of the snowman who wanted to fly to the land of the snowmen.
 Towards evening the snowman was finished, the two children had made it beautiful, in case it too had flown to the land of the snowmen. It had a beautiful red scarf around his neck combined with a pon pon hat, a long carrot for the nose and two beautiful mother-of-pearl buttons for the eyes; finally an orange peel had become the smiling mouth of the snowman.
They had chosen for him the name "Frizz". In the evening, when daddy came home from work he was very surprised by Frizz's beauty.
The biggest surprise came the next day: just like the story that his mother had read to the children, Frizz had left and flown to snowmen country to celebrate Christmas together with his friends.

Candidi fiocchi di neve cadevano leggeri dal cielo. White snowflakes fell lightly from the sky.
Svelti, bambini, venite a guardare la neve! Hurry up, children, come and look at the snow!
Si vestirono bene con berretta, guanti e sciarpa e corsero fuori. They dressed well with beret, gloves and scarf and ran outside.
 Anche lei ricordava benissimo la storia del pupazzo di neve che desiderava volare per andare nel paese dei pupazzi. She also remembered the story of the snowman who wanted to fly to the land of snowmen.
Matteo iniziò a raccogliere la neve, mentre la sua sorellina slittava. Matteo started to collect the snow, while his little sister was sledding.
Aveva una bellissima sciarpa rossa attorno al collo. It had a beautiful red scarf around his neck.
La sera, quando il papà tornò dal lavoro rimase molto meravigliato dalla bellezza di Frizz. In the evening, when daddy came home from work he was very surprised by Frizz's beauty.
Frizz era partito ed era volato nel paese dei pupazzi di neve. Frizz had left and flown to snowmen country.

Snowman	pupazzo di neve
sciarpa	scarf
slittino	toboggan
festeggiare	to celebrate
terra/ stato	land
volare	to fly
guanti	gloves
sorpresa	surprise
palla di neve	snowball
December	dicembre

109. IL SACCO PERDUTO 109. THE LOST SACK
 Arrivò l'inverno e la neve coprì la caverna del piccolo orso Baloo. Tutti gli animali coprirono le loro tane. Baloo non amava molto l'inverno, ma c'era un giorno che aspettava con ansia.

Domani sarebbe stato Natale e Baloo era così eccitato che non riusciva a dormire. Quale regalo gli avrebbe portato Babbo Natale? Una palla nuova? Una canna da pesca? O forse una bicicletta? O forse….Improvvisamente qualcosa illuminò il cielo.
Che cos'era? Una stella cadente? Un aeroplano? O forse un uccello gigante? Qualsiasi cosa fosse era caduta oltre la Foresta Scura. Baloo saltò giù dal letto e si mise una sciarpa.
Brrr...era davvero freddo fuori. All'inizio della giornata Baloo e suo padre avevano tolto un po' di neve attorno alla caverna, ma la valle era ancora completamente ricoperta dal manto bianco. La strada davanti a lui era irriconoscibile e impraticabile.
Finalmente attraversò la Foresta Scura e iniziò a cercare con l'olfatto e a guardarsi attorno. C'era l'odore di qualcosa di sconosciuto. Alla fine lo trovò! Era un grande sacco rosso. Molto strano, pensò Baloo. Com'era possibile che un sacco fosse caduto dal cielo? I sacchi non volano…
Poi lo aprì e tutto fu chiaro: era il sacco di Babbo Natale! C'era il regalo per il riccio, per le papere, per lo scoiattolo, per tutti! Evidentemente il sacco era caduto dalla slitta quando Babbo Natale volava sulla valle.
- E' grandioso!- disse Baloo. Raccolse tutti i regali che riuscì e tornò velocemente alla valle. Per primo si fermò alla casa della talpa e guardò attraverso la finestra. Era così carina ed invitante: il fuoco stava bruciando nel camino e l'albero di Natale era illuminato. Baloo voleva entrare in casa, ma non c'era modo: così pose il regalo per la talpa vicino alla porta e se ne andò velocemente.
Poi andò a casa dei due conigli e lasciò i loro regali. Si sentivano risa e schiamazzi provenire dalla casa. Baloo adorava giocare con i conigli, ma quella notte aveva un compito importante da portare a termine.
Poi si fermò all'albero dello scoiattolo. Era già tardi e si sentiva leggermente russare.
Baloo si sentiva assonnato, così si pizzicò la coda e cominciò a saltare lasciando i regali davanti alle tane degli amici. Baloo consegnò regali tutta la notte. Stava diventando sempre più difficile proseguire a causa di un forte vento che iniziò a soffiargli contro e presto sarebbe arrivata una pesante tempesta. Era difficile continuare con una tempesta di neve. Non riusciva a vedere nulla e solo il suo olfatto lo aiutava a trovare la strada.
La tempesta diventò più forte e Baloo terrorizzato, congelato e indebolito si nascose nel sacco. Voleva davvero essere a casa con la sua mamma e il suo papà. Baloo si arrotolò su se stesso e si addormentò. Il vento continuava a soffiare sempre più forte e la neve aveva ricoperto le impronte di Baloo e il sacco di babbo Natale.
Baloo si stirò le gambe e si svegliò. Era coperto con una spessa coperta ed era piuttosto caldo. Si guardò attorno sorpreso: era a casa, vicino al fuoco nel salotto.
- Sto sognando?- si meravigliò l'orsetto.
- No, non è un sogno.- sentì dire da una voce familiare.
- Mamma, papà! - esclamò Baloo pieno di gioia.
- Ci hai spaventato molto Baloo!- disse la mamma.- Tutti gli animali ti stavano cercando, ma avevano perso le tue tracce. Siamo stati fortunati che il grande naso della volpe ha sentito il tuo odore e insieme alla talpa abbiamo scavato fino al sacco. La cosa importante è che sei salvo e tutti hanno i loro regali di Natale.
- Non tutti!- disse suo padre, -Quando ti abbiamo trovato c'era rimasto un regalo nel sacco: il tuo regalo. Forza, aprilo. Facci vedere cosa ti ha portato Babbo Natale.
Baloo sorrise e disse: - Io ho già il miglior regalo di Natale. Questa notte ho scoperto che solo una cosa io voglio per Natale ed è essere a casa con voi, babbo e mamma. Questo è meglio di un sacco pieno di regali.

Winter came and snow covered the cave of the small bear, Baloo. All the animals hid in their houses. Baloo didn't like the winter much, but there was one day for which he was anxiously awaiting.
Tomorrow was Christmas and Baloo was so excited that he could not fall asleep. What gift would Santa Claus have for him? A new ball? Or a fishing pole? Or maybe a bicycle? Or maybe...suddenly something flashed in the sky.
What was it? A falling star? A plane? Or may be a giant bird? Whatever it was it dropped beyond the Dark Forest. Baloo jumped from the bed and put on his scarf.

Brrr . . . it was really cold outside. Earlier in the day, Baloo and his father had cleared the snow from around the house, but the valley was still deeply covered in it.

The road ahead would be difficult and frightful .

He finally crossed the Dark Forest and started sniffing and looking around. Although he sniffled a bit, his nose could still smell everything—and there was a smell of something unknown.

And finally he found it! It was a big red sack. Very strange, thought Baloo. How is it possible for a sack to fall from the sky? Sacks cannot fly . . . Then he opened it and everything became clear. . .

This was Santa Claus's sack! Here is the gift for the hedgehog, for the ducklings, for the squirrel, for everyone. Evidently the sack had fallen from the sled when Santa Claus flew above the valley.

"This is great!" said Baloo. He picked up as many presents as he could and hurried up back to the valley.

He first stopped at mole's house and looked through the window. It looked so nice and inviting inside: the fire was burning in the fireplace and the Christmas tree glittered. Baloo wanted to get in the house, but there was no way—these gifts must make it to their intended recipients—and so, he placed the gift for mole near the door and left quickly.

Then went to the house of the two rabbits and left their gifts. There was a laugh and scuffle inside the house. Baloo enjoyed playing with the rabbits so very much, but this night he had an important task to do.

Then he stopped by the squirrel's tree. It was already late, and a quiet snore was heard from inside. Baloo felt sleepy, so he pinched his tail, and then jumped up and hung the gift in front of the hollow.

Baloo delivered gifts the whole night. It was becoming harder and harder to move forward, for a strong wind began to howl and push against him, and soon a heavy snowstorm started.

It was hard to go on in this snow storm. He couldn't see anything and only his sensitive nose helped him to keep to the track.

But then the snow storm become a blizzard, and Baloo, scared, frozen and weakened, hid in the sack. He wanted so much to be at home with mommy and daddy. Baloo rolled into a ball, wrapped himself with his tail and fell asleep.

The wind continued to blow even stronger. The snow was covering Baloo's footprints and Santa Claus' sack . . .

Baloo stretched his legs and woke up. He was covered with a thick blanket and was toasty warm. He looked around surprised—he was at home, near the fireplace in the living room. "Am I dreaming?" wondered Baloo out loud. "No, it is not a dream." he heard a familiar voice.

"Mommy! Daddy!" exclaimed Baloo, filled with joy. "You scared us so much, Baloo," said his mommy. "All the animals were looking for you, but there were no footprints. We were lucky that the fox's big nose finally sensed your smell and, together with the mole, we dug up the sack. The important thing is that you are safe and everyone got their Christmas gifts." "Not everybody," said his father. "When we found you, there was one gift left in the sack: your gift. Come on, open it. Let us see what Santa brought you."

Baloo smiled and said, "I already got the best Christmas gift. This night I found out that the only thing I want for Christmas is to be home with you and mommy. This is better than a sack full of gifts."

Domani sarebbe stato Natale e Baloo era così eccitato che non riusciva a dormire. Tomorrow was Christmas and Baloo was so excited that he could not fall asleep.

Improvvisamente qualcosa illuminò il cielo. Suddenly something flashed in the sky.

Era un grande sacco rosso. It was a big red sack.

Evidentemente il sacco era caduto dalla slitta quando Babbo Natale volava sulla valle. Evidently the sack had fallen from the sleigh when Santa Claus flew above the valley.

 Così pose il regalo per la talpa vicino alla porta e se ne andò velocemente. He placed the gift for mole near the door and left quickly.

Quella notte aveva un compito importante da portare a termine. This night he had an important task to do.

Voleva davvero essere a casa con la sua mamma e il suo papà. He wanted so much to be at home with mommy and daddy.

Il grande naso della volpe ha sentito il tuo odore e insieme alla talpa abbiamo scavato fino al sacco. The fox's big nose finally sensed your smell and, together with the mole, we dug up the sack.

Orso	bear
talpa	mole
volpe	fox
scoiattoli	squirrels
compito	task
tempesta di neve	snowstorm
naso	nose
nascondersi	to hide
sognare	to dream

110. EMERGENZA, BABBO NATALE HA LA FEBBRE! 110. SOS, SANTA CLAUS HAS FEVER!

I preparativi per la vigilia di Natale erano agli sgoccioli! Tutto era pronto: le renne avevano fatto scorta di cibo ed erano ben pettinate e tutte in ghingheri per portare la slitta sui tetti delle città. La slitta era stata sapientemente lucidata e pulita dagli elfi, i sacchi rossi erano ben riempiti di pacchi e pacchetti. Mamma Natale aveva stirato in modo impeccabile l'abito che suo marito avrebbe indossato tra poche ore. Una cioccolata calda fumante era pronta per essere bevuta e tutto era al suo posto.

Gli elfi erano eccitati e pronti ad ogni evenienza: la slitta poteva far fatica a prendere il volo, tanto era carica di regali, il vestito di Babbo Natale poteva cedere in qualche cucitura, qualche renna poteva avere male alla zampa, insomma, per ogni imprevisto avevano tutto sotto controllo.

Mai avrebbero pensato all'imprevisto che si sarebbero trovati di fronte.

Erano tutti in attesa della partenza, il tempo stringeva e ancora Babbo Natale non si era visto! Tutti pensarono che avesse il suo momento di riflessione prima della partenza e attesero ancora. Ma il tempo passava e non si vedeva nessuno, così Mamma Natale cupa in volto e preoccupata decise di andare a vedere: si trovò Babbo Natale steso nel letto sotto le coperte!

- Ma Babbo Natale, che ci fai ancora lì?

- Mia cara, non credo di sentirmi molto bene. Mi è venuta una grande febbre e non riesco a stare in piedi!

- Ma non è possibile! Come faremo? Come faranno i bambini di tutto il mondo senza i tuoi regali!

In preda alla disperazione scese dagli elfi e raccontò cosa stava succedendo.

Un grande boato si alzò dalla folla, voci sommesse e preoccupate parlottavano tra loro, qualcuno iniziò a piangere, finché l'elfo saggio prese la parola:

- La situazione è drammatica, ma non possiamo stare qui con le mani in mano. Siamo una grande famiglia e come tale in questo momento dobbiamo darci un mano. Le renne vanno guidate, quindi chi meglio degli elfi navigatori sanno che strada prendere. Abbiamo bisogno di elfi molto forzuti per prendere e far calare i regali dai camini, qui ci serve una bella squadra motivata. Siete d'accordo con me elfi?

Tutti felici per la soluzione che aveva proposto l'elfo saggio cominciarono ad esultare.

Con gran fermento tutti gli elfi cominciarono ad organizzarsi: gli elfi navigatori, con mappa alla mano, la stessa mappa che avevano preparato per Babbo Natale, si misero davanti pronti a spronare le renne per la partenza. Le renne stesse, informate da Mamma Natale, ricevettero una per una, una bella carezza di incoraggiamento. Dentro la slitta, tra i sacchi colmi c'erano ben 50 elfi, che si erano bene distribuiti per darsi il cambio in caso di stanchezza. L'elfo saggio aveva consegnato loro una ricetrasmittente, con la quale avrebbero comunicato in caso di bisogno.

Tutto pronto! Mamma Natale si raccomandò di fare attenzione e in un lampo gli elfi navigatori partirono, già in ritardo sulla tabella di marcia. Intanto tutti gli elfi capeggiati da Mamma Natale si diressero nella grande sala di controllo, dalla quale era possibile vedere il percorso della slitta.

125

Procedeva tutto bene, gli elfi erano organizzatissimi, nonostante la loro piccola mole, si infilavano velocemente nei camini e altri elfi sui tetti li tiravano su con delle corde, mentre le renne erano pronte per trasportarli su un altro tetto. Le renne seguivano i comandi alla perfezione. All'improvviso una tempesta di neve colpì la slitta: gli elfi si protessero con le berrette e le coperte che aveva dato loro Mamma Natale e le renne vennero coperte dal telo magico antitempesta. Intanto dal Polo Nord gli altri elfi facevano il tifo per i loro compagni.

Fu faticoso arrivare in tutte le case, ma non c'era da perdere tempo: le luci dell'alba erano prossime. Fu così, che le renne riportarono a casa la slitta svuotata da tutti i pacchi e i 53 elfi stanchissimi: li accolse Mamma Natale con una bella cioccolata e li tenne davanti al camino finché non si ripresero dal freddo.

Nel frattempo anche Babbo Natale stava meglio. Si era precipitato in fretta e furia al piano di sotto con la divisa indossata e pronto per portare i regali a tutti i bambini del mondo. Mamma Natale e gli elfi con una grande risata lo invitarono a sedersi e gli raccontarono cos'era successo quella notte speciale! I bambini avevano ricevuto anche per quel Natale i loro doni e questa volta grazie ai fantastici elfi di Babbo Natale!

Preparations for Christmas Eve were draining! Everything was ready: the reindeer had stocked up on food and were well combed and all dressed to carry the sleigh on the roofs of the cities. The sleigh had been skillfully polished and cleaned by the elves, the red bags were well filled with parcels and packages. Mother Christmas had impeccably ironed the dress that her husband would wear in a few hours. A steaming hot chocolate was ready to be drunk and everything was in its place.

The elves were excited and ready for any eventuality: the sleigh could hardly take flight, it was full of gifts, Santa's dress could give way in some stitching, some reindeer could have a bad leg, in short, for every unexpected event they had everything under control.

Never would they have thought of the unexpected that they would find themselves facing.

They were all waiting for the departure, time was running out and still Santa Claus hadn't shown up! Everyone thought that he had his moment of reflection before the departure and they still waited. But time went by and no one could be seen, so Mother Christmas, gloomy in the face and worried, decided to go and see: she found Santa Claus lying in bed under the blankets!

- But Santa Claus, what are you still doing there?

- My dear, I don't think I'm feeling very well. I've got a big fever and I can't stand upright!

- But that's not possible! What are we going to do? As the children of the whole world will do without your presents!

In desperation, she came down from the elves and told them what was happening.

A great roar rose from the crowd, quiet voices that worriedly spoke to each other, someone began to cry, until the wise elf took the floor:

- The situation is dramatic, but we can't just stand here and do nothing. We are one big family and as such we have to help each other out right now. Reindeer must be driven, so who better than the navigating elves knows which way to go. We need very strong elves to pick up and drop the presents from the chimneys, here we need a good motivated team. Do you agree with me elves?

All happy for the solution that the wise elf had proposed began to rejoice.

With great excitement all the elves began to organize themselves: the navigating elves, with a map in hand, the same map that they had prepared for Santa Claus, stood in front ready to spur the reindeer to leave. The reindeer themselves, informed by Mother Christmas, received one by one, a beautiful caress of encouragement. Inside the sleigh, there were 50 elves among the full sacks, which were well distributed to take over in case of tiredness. The wise elf had given them a transceiver, with which they would communicate in case of need.

Everything was ready! Mother Christmas advised them to be careful, and in a flash the navigating elves set off, already behind schedule.

In the meantime, all the elves led by Mother Christmas went to the large control room, from where it was possible to see the sleigh's route.

Everything was going well, the elves were very organized, despite their small size, they quickly slipped into the chimneys and other elves on the roofs pulled them up with ropes, while the reindeer were ready to transport them to another roof. The reindeer followed the commands perfectly. Suddenly, a snowstorm hit the sleigh: the elves protected themselves with the caps and blankets that Mother Christmas had given them, and the reindeer were covered with the storm-proof magic cloth. Meanwhile from the North Pole the other elves were cheering for their companions.

It was tiring to get to all the houses, but there was no time to waste: the dawn lights were near.

So, the reindeer brought home the sleigh emptied of all the packages and the 53 very tired elves: Mother Christmas welcomed them with a nice chocolate and kept them in front of the fireplace until they recovered from the cold.

In the meantime Santa Claus was also better. He had rushed downstairs in a hurry with his uniform on and ready to bring presents to all the children of the world. Mother Christmas and the elves with a big laugh invited him to sit down and told him what had happened that special night! The children had also received their gifts for that Christmas and this time thanks to Santa's fantastic elves!

Gli elfi erano eccitati e pronti ad ogni evenienza. The elves were excited and ready for any eventuality.

Si trovò Babbo Natale steso nel letto sotto le coperte! She found Santa Claus lying in bed under the blankets!

Il tempo stringeva e ancora Babbo Natale non si era visto! Time was running out and still Santa Claus hadn't shown up!

Mi è venuta una grande febbre e non riesco a stare in piedi! I've got a big fever and I can't stand upright!

Come faranno i bambini di tutto il mondo senza i tuoi regali! As the children of the whole world will do without your presents!

Siamo una grande famiglia e come tale in questo momento dobbiamo darci un mano. We are one big family and as such we have to help each other out right now.

Fu faticoso arrivare in tutte le case, ma non c'era da perdere tempo. It was tiring to get to all the houses, but there was no time to waste.

Gli elfi erano organizzatissimi. The elves were very organized.

Nel frattempo anche Babbo Natale stava meglio. In the meantime Santa Claus was also better.

I bambini avevano ricevuto anche per quel Natale i loro doni e questa volta grazie ai fantastici elfi di Babbo Natale! The children had also received their gifts for that Christmas and this time thanks to Santa's fantastic elves!

Mondo	world
febbre	fever
senza	without
freddo	cold
le luci dell'alba	the dawn lights
l'elfo saggio	the wise elf
la partenza	the departure
pronto	ready
una squadra motivata	a motivated team
nel frattempo	in the meantime

111. I BISCOTTI DELLA FELICITA' 111. HAPPINESS COOKIES

Zia Lia era una famosa pasticcera, conosciuta in tutta la città per le sue dolcezze. Lavorava in un piccolo laboratorio per una famosa pasticceria: era rimasta fedele a quella stanzetta, nella quale aveva iniziato a preparare le sue prime prelibatezze all'età di 15 anni. La nonna le aveva insegnato tutto quello che sapeva e lei aveva imparato tante ricette ed era riuscita a creare nuove prelibatezze che inizialmente vendeva a chi ne voleva. Poi la pasticceria l'aveva voluta con sé, perché i suoi biscotti erano i migliori.

Zia Lia aveva fatto del suo lavoro la sua vita: sperimentava, cucinava, decorava, praticamente ogni giorno, per il gusto di vedere le persone felici. Quando non era tra la farina e le glasse di cioccolato, era in casa sua a studiare nuove ricette, a scrivere le idee che le venivano in mente per poi farle assaggiare ai suoi clienti. Era felice così, anche se talvolta si sentiva sola.

Una fredda sera di dicembre era intenta a preparare una nuova ricetta di biscotti natalizi per i bambini e stava mescolando gli ingredienti: farina di riso, latte, farina di mandorle, un pizzico di lievito, burro, insomma un bel mix di ingredienti. Quale forma dare? Le solite stelline e i soliti soggetti natalizi erano usati da tutti...cominciò a modellare la pasta e piano piano creò un omino, forse proprio per sentirsi meno sola. Lo decorò per bene con le glasse e con confetti colorati e lo infornò.

Andò a dormire soddisfatta del risultato con l'idea di fare passare il biscotto sotto il palato del mastro pasticcere.

Il mattino dopo il biscotto che aveva preparato era scomparso: non ce n'era traccia da nessuna parte! Impossibile, non aveva animali domestici, le finestre erano chiuse...dov'era finito il suo biscotto a forma di omino? Non c'era, nemmeno l'ombra.

Andò al lavoro e arrivata la sera, preparò di nuovo i biscotti della sera precedente, ma questa volta ne realizzò una ventina. Venti piccoli biscotti di farina di mandorle a forma di omini e donnine, tutti colorati e tutti stesi sulla placca da forno. Andò fiduciosa a letto e l'indomani mattina si precipitò in cucina: sorpresa delle sorprese, si trovò tutti gli omini e le donnine in piedi che sembravano festeggiare qualcosa, tutti intenti a chiacchierare.

Con stupore li osservò a lungo cercando di capire di cosa stessero parlando, finché gli omini di pasta di mandorle non si accorsero di essere osservati e a quel punto uno di loro disse:

- Cara Lia, grazie per averci realizzato e dato vita. Abbiamo un grande desiderio: andare nelle case di tutti e portare allegria per questo Natale. Lo stesso omino che hai realizzato ieri sera è partito a cercare una famiglia. Volevamo dirtelo prima di scomparire.

Gli omini e zia Lia arrivarono ad una soluzione: sarebbero stati donati a tutti gli abitanti della città e ognuno di essi avrebbe trovato la sua famiglia.

Così, zia Lia si apprestò a prepararne tanti altri, mentre tante aiutanti impacchettavano le sagome umane in comodi sacchettini rossi. Vennero consegnati tutti la vigilia di Natale, in modo che ogni famiglia avesse i propri biscottini per il giorno di Natale. Per se stessa ne preparò 10, in modo che non si sentisse più sola.

Nessuno osò mangiarli, perché gli omini e le donnine erano bellissimi, sembravano vivi.

Fu così che i biscotti di farina di mandorle vennero chiamati i biscotti della felicità, perché quel giorno portarono tanta felicità nelle famiglie.

Aunt Lia was a famous pastry chef, known throughout the city for her sweets. She worked in a small laboratory for a famous pastry shop: she had remained faithful to that little room, in which she had started to prepare her first delicacies at the age of 15. Her grandmother had taught her everything she knew and she had learned many recipes and had managed to create new delicacies that she initially sold to those who wanted them. Then the bakery had wanted her with them, because her cookies were the best.

Aunt Lia had made her work her life: she experimented, baked, decorated, practically every day, for the sake of seeing people happy. When she wasn't between flour and chocolate frosting, she was in her house studying new recipes, writing down the ideas that came to her mind and then having her customers taste them. She was happy this way, even if sometimes she felt lonely.

One cold December evening she was busy preparing a new recipe for Christmas cookies for the children and was mixing the ingredients: rice flour, milk, almond flour, a pinch of yeast, butter, in short, a nice mix of ingredients. What shape to make? The usual stars and Christmas subjects were used by all ... she began to shape the dough and slowly created a little man, perhaps just to feel less lonely. She decorated it well with icing and colored candies and baked it.

She went to sleep satisfied with the result with the idea of passing the cookie under the palate of the master pastry chef.

The next morning the cookie she had prepared had disappeared: there was no trace of it anywhere! Impossible, she had no pets, the windows were closed...where had his little man-shaped cookie gone? It wasn't there, not even a shadow.

She went to work and when evening came, she made the cookies from the night before again, but this time she made twenty. Twenty small almond flour cookies in the shape of little men and little women, all colored and all laid out on the baking sheet. She went confidently to bed and the next morning she rushed into the kitchen: surprise of surprises, she found all the little men and women standing there seemingly celebrating something, all intent on chatting.

With amazement she watched them for a long time trying to understand what they were talking about, until the little men of almond paste realized they were being watched and at that point one of them said:

- Dear Lia, thank you for making us and giving us life. We have a great desire: to go into everyone's homes and bring joy this Christmas. The same little man you made last night went off to find a family. We wanted to tell you before we disappeared.

The little men and aunt Lia came to a solution: they would be given to all the inhabitants of the city and each one would find his family.

So, aunt Lia got ready to prepare many others, while many helpers packed the human silhouettes in comfortable red bags. They were all delivered on Christmas Eve, so that each family would have their own cookies for Christmas Day. She baked 10 for herself so that she wouldn't feel lonely anymore.

No one dared to eat them, because the little men and women were beautiful, they looked alive.

So it was that the almond flour cookies were called the cookies of happiness, because they brought so much happiness to families that day.

Zia Lia era una famosa pasticcera. Aunt Lia was a famous pastry chef.

Zia Lia aveva fatto del suo lavoro la sua vita. Aunt Lia had made her work her life.

 Era felice così, anche se talvolta si sentiva sola. She was happy this way, even if sometimes she felt lonely.

Cominciò a modellare la pasta e piano piano creò un omino. She began to shape the dough and slowly created a little man.

Il mattino dopo il biscotto che aveva preparato era scomparso. The next morning the cookie she had prepared had disappeared.

Venti piccoli biscotti di farina di mandorle a forma di omini e donnine. Twenty small almond flour cookies in the shape of little men and little women.

Grazie per averci realizzato e dato vita. Thank you for making us and giving us life.

Andare nelle case di tutti e portare allegria per questo Natale. To go into everyone's homes and bring joy this Christmas.

 In modo che ogni famiglia avesse i propri biscottini per il giorno di Natale. So that each family would have their own cookies for Christmas Day.

Quel giorno portarono tanta felicità nelle famiglie. They brought so much happiness to families that day.

Zia	aunt
stupore	amazement
forma	shape
pasticceria	pastry shopping
farina	flour
biscotti	cookies
felicità	happiness
sembrare vivo	to look alive
ricette	recipes
sola	lonely

112. LO GNOMO DISPETTOSO 112. THE SPITEFUL GNOME

Nel bosco vive uno gnomo dispettoso che tutti conoscono a causa della sua irresistibile tentazione di fare scherzi e dispetti agli altri. Tutti gli abitanti del bosco gli stanno alla larga, non si sa mai che cosa abbia in mente. Per questo suo carattere non ha amici e passa le giornate nella sua casa ad architettare qualche dispetto da fare.

Nel bosco si stavano preparando per il Natale: gli altri gnomi, aiutati dagli animali del bosco avevano appeso tante lucine colorate che accendevano appena si faceva buio. Avevano decorato a festa l'abete che si trovava al centro della piazza nella quale si incontravano per discutere le varie decisioni da prendere. Inoltre era uno spettacolo vedere che ogni casetta degli gnomi era decorata con fiocchi rossi e campanellini. Nel panificio di Gnomo fornaio si confezionavano biscotti deliziosi, in giro per le strade si vendevano cioccolate calde e dolcetti di zucchero super colorati, il grande tavolo per il pranzo di Natale era già stato posizionato sotto l'abete della piazza.
Il nostro gnomo dispettoso ovviamente non contribuiva ai preparativi, ma piuttosto osservava tutto dalla finestra della sua cucina pronto a cercare una nuova occasione per fare un dispetto.
Tutto questo non sfuggiva a Babbo Natale, che lo guardava con il suo binocolo dal Polo Nord.
Voleva proprio vedere fin dove sarebbe arrivata la sua spavalderia, in modo da poter prendere dei provvedimenti.
Lo gnomo, ovviamente, orgoglioso com'era, non si era minimamente degnato di scrivere la letterina a Babbo Natale, perché non era interessato a ricevere regali e passava indifferente davanti alle cassette della posta che riportavano la scritta "Mail box".
Arrivò la notte di Natale: tutti gli gnomi si ritrovarono a festeggiare in piazza, piena di profumi dolci, di vino caldo di mele e di cioccolata. Il nostro gnomo dispettoso se ne stava in casa sbirciando dalla finestra, con l'obiettivo di trovare il modo per far finire in fretta quella baldoria.
Gli venne un'idea: di nascosto da tutti si recò in un angolo e in un lampo staccò tutte le luci della piazza. Rimasero tutti al buio e d'improvviso calò il silenzio. Non pensarono minimamente che potesse trattarsi di uno scherzo, così gli gnomi elettricisti cercarono qualche candela e verificarono che non ci fossero fili tagliati. Quando si accorsero che erano state staccate le prese della luce un sospetto venne a tutti.
Nel frattempo lo gnomo dispettoso era scappato a casa sua ridendo e si stava godendo lo spettacolo dalla sua finestra.
Nonostante tutto, il villaggio riprese a festeggiare e appena passata la mezzanotte andarono tutti a letto, in quanto i festeggiamenti sarebbero proseguiti in giorno successivo.
Durante la notte Babbo Natale cominciò il suo giro per le case del villaggio, riempiendo calze e lasciando pacchetti sotto l'albero, ma quando arrivò davanti alla casa dello gnomo dispettoso decise di non lasciargli nulla e di spargergli un po' di polvere magica sul viso.
Il mattino successivo tutto il villaggio era in fermento per il grande pranzo e nell'augurarsi il "buon Natale", si raccontavano cosa avevano ricevuto da Babbo Natale. Non fu difficile per lo gnomo dispettoso svegliarsi con quelle grida di gioia, ma si sentiva strano, si sentiva triste, si sentiva diverso: in un'occasione come quella avrebbe escogitato qualche altro piano per rovinare i festeggiamenti, invece oggi no, non era in vena.
Si preparò una veloce colazione, che non riuscì a finire, per quanto si sentiva triste. Cominciò a piangere disperato, a piangere talmente forte che i suoi lamenti arrivarono anche in piazza, attirando l'attenzione di tutti gli altri gnomi. Ma cosa poteva essere successo a quello gnomo così dispettoso? Preoccupati i compagni cominciarono a bussare e a chiedere cosa stesse succedendo, ma lo gnomo dispettoso non riusciva a smettere di piangere. Aprì la porta e riuscì a dire solamente:
-Mi dispiace!, per poi riprendere il suo pianto.
Dal suo binocolo Babbo Natale aveva notato che la sua polverina magica aveva fatto effetto, forse ne aveva messa un po' troppo, ma sicuramente lo gnomo dispettoso risultava pentito.
Gli amici gnomi lo portarono giù in piazza, lo consolarono e gli offrirono una bella cioccolata, che tira su il morale di tutti. Appena si riprese lo gnomo dispettoso disse:
-Sono stato davvero terribile, non ho avuto nessuna pietà di voi. Voi in cambio siete corsi in mio aiuto, mi avete consolato e non mi avete lasciato solo. Io ho capito che sono così dispettoso perché sono invidioso della vostra felicità, che faccio di tutto per distruggere. Grazie amici miei e vi chiedo perdono!
Il più bel regalo di Natale di quell'anno è stato proprio il cambiamento dello gnomo dispettoso, che ha imparato una lezione importante e ora ha persino cambiato nome: il suo nuovo nome è "lo gnomo amicone", perché è diventato amico di tutti e aiuta chiunque abbia bisogno.
Grazie Babbo Natale!

In the forest lives a spiteful gnome that everyone knows because of his irresistible temptation to make jokes and spite others. All the inhabitants of the forest stay away from him, you never know what he has in mind. For this reason he has no friends and spends his days in his house to plan some spite to do.

In the woods they were getting ready for Christmas: the other gnomes, helped by the animals of the woods had hung many colored lights that they lit as soon as it got dark. They had festively decorated the fir tree that was in the center of the square where they met to discuss the various decisions to be made. It was also a spectacle to see that each gnome house was decorated with red bows and bells. In the Gnomo bakery delicious cookies were made, around the streets they sold hot chocolates and super colorful sugar sweets, the large table for Christmas lunch had already been placed under the fir tree of the square.

Our spiteful gnome obviously did not contribute to the preparations, but rather observed everything from the window of his kitchen ready to look for a new opportunity to make a spite.

All this did not escape Santa Claus, who watched him with his binoculars from the North Pole.

He really wanted to see how far his bravado would go so he could take action.

The gnome, of course, proud as he was, had not deigned at all to write the letter to Santa Claus, because he was not interested in receiving gifts and passed indifferently in front of the mailboxes bearing the words "Mail box".

Christmas night arrived: all the gnomes found themselves celebrating in the square, full of sweet scents, warm apple wine and chocolate. Our spiteful gnome was in the house peeking out the window, with the aim of finding a way to end that spree quickly.

An idea came to him: secretly from everyone he went to a corner and in a flash he turned off all the lights in the square. They all remained in the dark and suddenly the silence fell. They did not think it was a joke at all, so the gnome electricians looked for some candles and checked that there were no wires cut. When they realized that the sockets had been disconnected, a suspicion came to everyone.

In the meantime the spiteful gnome had run away to his house laughing and was enjoying the show from his window.

In spite of everything, the village started celebrating again and just after midnight they all went to bed, as the celebrations would continue the next day.

During the night Santa Claus began his tour around the houses of the village, filling socks and leaving packages under the tree, but when he arrived in front of the house of the spiteful gnome he decided not to leave him anything and to spread some magic powder on his face.

The next morning the whole village was in turmoil for the big lunch and while wishing "Merry Christmas", they told each other what they had received from Santa Claus. It was not difficult for the spiteful gnome to wake up with those cries of joy, but he felt strange, he felt sad, he felt different: on an occasion like that he would have devised some other plan to ruin the festivities, instead today he was not in the mood.

He prepared a quick breakfast, which he couldn't finish, no matter how sad he felt. He started crying desperately, crying so hard that his cries reached the square, attracting the attention of all the other gnomes. But what could have happened to that spiteful gnome? Worried the comrades began to knock and ask what was going on, but the spiteful gnome could not stop crying. He opened the door and was only able to say: -I'm sorry!, and then he started crying again.

From his binoculars Santa Claus had noticed that his magic powder had taken effect, perhaps he had put a little too much of it, but surely the spiteful gnome was repentant.

The gnome friends took him down to the square, comforted him and offered him a nice chocolate, which cheered up everyone's morale. As soon as he recovered, the spiteful gnome said:

-I was really terrible, I had no mercy on you. In return you ran to my aid, you consoled me and did not leave me alone. I understood that I am so spiteful because I am jealous of your happiness, that I do everything I can to destroy. Thank you my friends and I ask your forgiveness!

The most beautiful Christmas present of that year was the change of the spiteful gnome, who learned an important lesson and now he has even changed his name: his new name is "the friendly gnome", because he has become friends with everyone and helps anyone in need.

Thanks Santa Claus!

Nel bosco vive uno gnomo dispettoso. In the forest lives a spiteful gnome.
Tutti lo conoscono a causa della sua irresistibile tentazione di fare scherzi e dispetti agli altri. Everyone knows because of his irresistible temptation to make jokes. and spite others.
Nel bosco si stavano preparando per il Natale. In the woods they were getting ready for Christmas.
Il nostro gnomo dispettoso ovviamente non contribuiva ai preparativi. Our spiteful gnome obviously did not contribute to the preparations.
Tutto questo non sfuggiva a Babbo Natale, che lo guardava. All this did not escape Santa Claus, who watched him.
Tutti gli gnomi si ritrovarono a festeggiare in piazza. All the gnomes found themselves celebrating in the square.
Staccò tutte le luci della piazza. He turned off all the lights in the square.
Decise di non lasciargli nulla e di spargergli un po' di polvere magica sul viso. He decided not to leave him anything and to spread some magic powder on his face.
Cominciò a piangere disperato. He started crying desperately.
Aprì la porta e riuscì a dire solamente: -Mi dispiace! He opened the door and was only able to say: -I'm sorry!
Io ho capito che sono così dispettoso perché sono invidioso della vostra felicità. I understood that I am so spiteful because I am jealous of your happiness.

Dispettoso	spiteful
architettare	to plan
dispetto	spite
orgoglioso	pround
binocolo	binoculars
piangere	to cry
geloso	invidioso
piazza	square
festeggiare	to celebrate
amichevole	friendly

113. IL POVERO CALZOLAIO 113. THE POOR SHOEMAKER

Nei freddi paesi del Nord, dove il freddo e la neve accompagnano per lunghi mesi, viveva un famiglia povera: il padre era un calzolaio molto bravo che riparava le scarpe a tutti gli abitanti del villaggio. Purtroppo una brutta malattia lo aveva reso invalido e non era più in grado di andare in giro per la città a fare il suo lavoro, così i soldi scarseggiavano e con difficoltà manteneva la moglie e i tre figli.

Un giorno, il figlio più grande, Arthur, al rientro da scuola gli disse: -Padre, sono il fratello maggiore ed è giusto che io faccia la mia parte. Ho deciso di lasciare la scuola e andrò in giro per la città al tuo posto a vendere le scarpe che tu riparerai qui.

Il padre si commosse fino alle lacrime, ma non poteva permettere a suo figlio di abbandonare la scuola. Così gli propose di andare in giro a vendere le scarpe il pomeriggio, dopo la scuola.

Arthur fiero del compito che doveva portare avanti accettò: così, al mattino andava a scuola, dopo aver mangiato un pasto frugale partiva e andava con il suo carretto tra le strade della città, finché la gente non si ritirava in casa per il freddo. Poi la sera, davanti alla luce fioca di una candela si metteva a fare i compiti per il giorno successivo.

Arthur faticava molto a fare tutto, ma era molto orgoglioso del suo compito e mai per nulla avrebbe rinunciato ad aiutare la sua famiglia.

Arrivarono giorni davvero freddi con tempeste di neve e Arthur non si fece scoraggiare, ma una volta là fuori con il suo carretto si accorse che nessuno aveva bisogno di un calzolaio, nessuno aveva bisogno di una riparazione e finì ben presto per chiedere ad ogni passante la carità: non poteva tornare a casa con le mani vuote. Il vento cominciava ad essere insopportabile, le sue gambe erano completamente congelate e non riusciva più a muoversi. Intanto sua madre e suo padre guardavano dalla finestra preoccupati. Arthur non si vedeva.

Arthur aveva trovato riparo sotto il sagrato coperto della chiesa nella speranza che presto la tempesta sarebbe finita, ma non fu così. Iniziò a pregare, aveva freddo, tanto freddo e tanta paura. Ad un tratto cominciò a sentire sonno e chiuse piano piano gli occhi. Sentiva una musica dolce e celestiale.

Un gruppo di angeli sollevò il corpo di Arthur che li guardava stupito, sembrava volare...dove lo stavano portando? Si sentiva rassicurato, non sentiva più il freddo, perché gli avevano avvolto un mantello di pelle e ben presto riconobbe la sua casa: il babbo e la mamma lo stavano aspettando e quando lo videro scendere dal cielo accompagnato dagli angeli si commossero e ringraziarono.

Arthur era salvo, Arthur aveva chiesto aiuto e gli angeli erano accorsi avvolgendolo in un grandissimo mantello di pelle.

Il ragazzo dopo qualche giorno si riprese e decise di aprire una piccola bottega casalinga: avrebbe imparato il mestiere di calzolaio da suo padre e avrebbero lavorato direttamente nella bottega, riparando e vendendo scarpe. Il mantello di pelle che gli angeli gli avevano donato gli fu molto utile per realizzare scarpe nuove per i clienti. Arthur, il ragazzo coraggioso e pieno di buona volontà diventò un bravo calzolaio e in città si fece una bella clientela che pagava molto volentieri le sue creazioni.

In the cold villages of the North, where cold and snow accompany for long months, lived a poor family: the father was a very good shoemaker who repaired shoes to all the villagers. Unfortunately a bad illness had made him disabled and he was no longer able to go around the city to do his work, so money was scarce and with difficulty he supported his wife and three children.

One day, his oldest son, Arthur, on his way home from school said to him: -Father, I am the older brother and it is right that I do my part. I have decided to leave school and I will go around the city in your place and sell the shoes that you will repair here.

The father was moved to tears, but he could not allow his son to leave school. So he proposed to him to go around selling shoes in the afternoon, after school.

Arthur, proud of the task he had to carry out, accepted: so, in the morning he would go to school, after eating a frugal meal he would leave and go with his cart through the streets of the city, until people would retire into the house because of the cold. Then in the evening, in front of the dim light of a candle, he would start doing his homework for the next day.

Arthur struggled a lot to do everything, but he was very proud of his task and would never for nothing give up helping his family.

Really cold days came with snowstorms and Arthur was not discouraged, but once out there with his cart he realized that no one needed a shoemaker, no one needed a repair and he soon ended up asking every passer-by for charity: he couldn't go home empty-handed. The wind began to be unbearable, his legs were completely frozen and he could no longer move. Meanwhile his mother and father looked out of the window worried. Arthur could not be seen.

Arthur had found shelter under the covered churchyard in the hope that the storm would soon end, but it did not. He began to pray, he was cold, so cold and so afraid. Suddenly he began to feel sleep and slowly closed his eyes. He heard sweet, heavenly music.

A group of angels lifted up Arthur's body and he looked at them in amazement, he seemed to fly...where were they taking him? He felt reassured, he could no longer feel the cold, because they had wrapped a leather cloak around him and soon he recognized his home: his father and mother were waiting for him and when they saw him coming down from heaven accompanied by angels they were moved and thanked him.

Arthur was safe, Arthur had asked for help and the angels had rushed in wrapping him in a large leather cloak.

After a few days the boy recovered and decided to open a small home store: he would have learned the craft of shoemaker from his father and would have worked directly in the store, repairing and selling shoes. The leather cloak that the angels had given him was very useful to make new shoes for customers. Arthur, the brave and full of good will, became a good shoemaker and in the city there were good clients that paid very willingly for his creations.

Nei freddi paesi del Nord viveva un famiglia povera. In the cold villages of the North lived a poor family.

Il padre era un calzolaio molto bravo. The father was a very good shoemaker.

Non era più in grado di andare in giro per la città a fare il suo lavoro. He was no longer able to go around the city to do his work.

Ho deciso di lasciare la scuola. I have decided to leave school.

Gli propose di andare in giro a vendere le scarpe il pomeriggio, dopo la scuola. He proposed to him to go around selling shoes in the afternoon, after school.

Si accorse che nessuno aveva bisogno di un calzolaio, nessuno aveva bisogno di una riparazione. He realized that no one needed a shoemaker, no one needed a repair.

Un gruppo di angeli sollevò il corpo di Arthur che li guardava stupito. A group of angels lifted up Arthur's body and he looked at them in amazement.

Il mantello di pelle che gli angeli gli avevano donato gli fu molto utile per realizzare scarpe nuove. The leather cloak that the angels had given him was very useful to make new shoes.

Arthur diventò un bravo calzolaio e in città si fece una bella clientela che pagava per le sue creazioni. Arthur became a good shoemaker and in the city there were good clients that paid for his creations.

Calzolaio	shoemaker
riparazione	repair
mantello	cloak
angeli	angels
sagrato	churchyard
scarpe	shoes
carità	charity
commuoversi fino alle lacrime	to move to tears
pelle	leather
clienti	clients

114. UN ELFO UN PO' DISTRATTO 114. AN ELF A BIT DISTRACTED

Dovete sapere che anche a casa di Babbo Natale non fila sempre tutto liscio. Succedono incidenti, imprevisti, qualcuno che si ammala e succede perfino che qualcuno sia un po' distratto come uno degli elfi di Babbo. Parliamo di un elfo giovane di nome Willy: Willy era sempre stato frettoloso e non sempre le cose gli riuscivano alla perfezione. Alla scuola per diventare elfo aveva spesso combinato qualche guaio: aveva rovesciato tutte le scatole per decorare il villaggio, sparpagliando da tutte le parti le palline, i fiocchi e i nastri. Un giorno era inciampato su un sacco di pieno zeppo di letterine da tutto il mondo nell'ufficio postale di Babbo Natale e aveva dovuto raccoglierle tutte, per ore e ore. E vogliamo ricordare di quella volta che era entrato nella fabbrica dei giocattoli e aveva dipinto tutti i soldatini di legno di rosso, perché aveva sbagliato a caricare la vernice per i giocattoli. Insomma, un vero disastro, aveva sempre bisogno di qualcuno che lo sorvegliasse, così Babbo Natale aveva deciso premurosamente di tenerlo con sé per renderlo più attento. Quindi Willy seguiva Babbo Natale quando andava a dar da mangiare alle renne e si occupava delle renne più piccole. Andava con Babbo nel suo ufficio a smistare le letterine e insieme preparavano un elenco di giochi da realizzare che consegnavano agli elfi che lavoravano in fabbrica. Era molto attento, si impegnava molto a non combinare guai, ma talvolta era più forte di lui.

Mancavano pochi giorni al Natale e gli era toccato il compito di controllare le renne in volo, prima della magica notte: così cavalcava ogni renna e andava a fare un giro nei cieli, per verificare che fossero in forma, che non avessero dolori qua e là e che obbedissero ai suoi comandi. Babbo Natale confidava nella saggezza delle renne, che sicuramente non si sarebbero allontanate dalla zona.

Arrivò il turno di Blitzen, la renna veloce e scattante come un lampo. Willy e Blitzen partirono per il volo di controllo e ad un tratto si ritrovarono a solcare i cieli splendidi del Polo Nord. Pochi minuti dopo si ritrovarono sopra un piccolo paese imbiancato dalla neve: si erano persi, avevano volato un po' troppo lontano e non trovavano più i punti di riferimento per rientrare nella stalla. Cosa avrebbe detto Babbo Natale? Quanto si sarebbe arrabbiato? Che fine avrebbe fatto Willy?

Quello che stavano vedendo ora era davvero meraviglioso: incuriositi si avvicinarono con il pericolo di essere scoperti, ma la curiosità era davvero tanta. La renna si lasciava condurre da Willy che con gli occhi spalancati si stupiva di ogni cosa che notava. Ad un tratto videro un gruppo di bambini che correvano e giocavano. Ai bambini non ci volle molto per riconoscere una renna volante di Babbo Natale e in un attimo erano tutti con il naso all'insù a notare l'elfo che guidava la renna. I bambini increduli salutarono i due personaggi in cielo che ormai non sapevano più quale direzione prendere. Poveri loro, si erano fatti distrarre dalle meraviglie del mondo e ora, come sarebbero tornati a casa?

Si fermarono in una prateria, attenti a non farsi vedere da nessuno. Ma come sarebbero tornati al villaggio di Babbo Natale? Dovevano lanciare un SOS, ma in che modo?

A Willy venne un'idea: Blitzen, come tutte le altre renne di Babbo Natale, portava al collo un campanello che le distingueva da tutte le altre renne. Quel campanello poteva essere un richiamo, qualcuno poteva sentirli dal Polo Nord. Willy cominciò a scuoterlo energicamente più e più volte, ma niente, non si vedeva arrivare nessuno. Ci riprovò sconsolato, mentre Blitzen cercava di tapparsi le orecchie, dato che il suono del campanello era davvero forte.

All'improvviso all'orizzonte apparve un luce che diventava sempre più forte a mano a mano che si avvicinava. Quando la luce giunse davanti a loro si accorsero che era Babbo Natale a cavallo di Comet che era venuto a prenderli!

Grande fu la gioia di Willy! Ripartirono tutti alla volta del Polo Nord.

Arrivati a casa Babbo Natale fu molto severo con Willy e lo riprese duramente per la sua distrazione. Anche Blitzen ebbe la sua parte di sgridate. Alla fine però Babbo Natale riconobbe anche la grande capacità di Willy di trovare una soluzione e di usare l'intelligenza per chiedere aiuto. Quella sera stessa decise che Willy si sarebbe occupato delle sue renne, si sarebbe preso cura di tutte e le avrebbe conosciute bene, una per una. Tutto dipendeva da lui.

Willy, capita la lezione, ringraziò Babbo Natale per la grande opportunità che gli stava offrendo e promise di essere all'altezza di quel compito.

You should know that even at Santa's house everything does not always run smoothly. Accidents, unforeseen events happen, someone gets sick and it even happens that someone is a bit distracted like one of Santa's elves. Let's talk about a young elf named Willy: Willy was always in a hurry and things didn't always work out perfectly for him. At school to become an elf he had often made some trouble: he had overturned all the boxes to decorate the village, scattering balls, bows and ribbons all over the place. One day he had tripped over a bag full of letters from all over the world in Santa's post office and had to pick them all up, for hours and hours. And we want to remember that time he had entered the toy factory and painted all the toy soldiers red because he was wrong to load the paint for the toys. In short, a real disaster, he always needed someone to watch over him, so Santa Claus had carefully decided to keep him with him to make him more careful. So Willy followed Santa Claus when he went to feed the reindeer and took care of the smaller reindeer. He would go with Santa to his office to sort the letters and together they would prepare a list of games to make that they would give to the elves working in the factory. He was very careful, he tried very hard not to make trouble, but sometimes he was stronger than him.

It was only a few days before Christmas and he had to check the reindeer in flight, before the magical night: so he would ride each reindeer and go for a ride in the skies, to make sure they were fit, that they had no pain here and there and that they obeyed his commands. Santa Claus trusted in the wisdom of the reindeer, who surely would not leave the area.

It was Blitzen's turn, the reindeer fast and snappy as lightning. Willy and Blitzen set off for the control flight and suddenly found themselves plowing the shining skies of the North Pole. A few minutes later they found themselves above a small snow-whitened village: they had gotten lost, flew a little too far and could no longer find their way back to the stable. What would Santa Claus have said? How angry would he get? What would have happened to Willy?

What they were seeing now was really wonderful: intrigued they approached with the danger of being discovered, but the curiosity was really great. The reindeer let himself be led by Willy who, with his eyes wide open, was amazed at everything he noticed. Suddenly they saw a group of children running and playing. It didn't take the children long to recognize a flying reindeer from Santa Claus and in no time at all they were all nosed up to notice the elf driving the reindeer. The incredulous children greeted the two characters in the sky who no longer knew which direction to take. Poor them, they had been distracted by the wonders of the world and now, how would they get home?

They stopped on a prairie, careful not to let anyone see them. But how would they return to Santa's village? They had to launch an SOS, but how?

Willy had an idea: Blitzen, like all Santa's other reindeer, wore a bell around his neck that set them apart from all the other reindeer. That bell could be a call, someone could hear them from the North Pole. Willy started to shake it vigorously over and over again, but nothing, nobody could see them coming. He tried again disconsolate, while Blitzen tried to plug his ears, as the bell sounded really loud.

Suddenly a light appeared on the horizon that became stronger and stronger as he approached. When the light came in front of them they realized that it was Santa Claus riding Comet who had come to get them!

Great was Willy's joy! They all set off again for the North Pole.

When they arrived home Santa Claus was very strict with Willy and took him back hard for his distraction. Blitzen also had his share of scolding. In the end, however, Santa also recognized Willy's great ability to find a solution and to use his intelligence to ask for help.

That very evening he decided that Willy would take care of his reindeer, take care of them all and get to know them well, one by one. Everything depended on him.

Willy, the lesson happens, thanked Santa Claus for the great opportunity he was offering him and promised to be up to the task.

Anche a casa di Babbo Natale non fila sempre tutto liscio. Even at Santa's house everything does not always run smoothly.

Willy era sempre stato frettoloso. Willy was always in a hurry.

Un giorno era inciampato su un sacco di pieno zeppo di letterine. One day he had tripped over a bag full of letters.

Aveva sempre bisogno di qualcuno che lo sorvegliasse. He always needed someone to watch over him.

Quindi Willy seguiva Babbo Natale quando andava a dar da mangiare alle renne. So Willy followed Santa Claus when he went to feed the reindeer and took care of the smaller reindeer.

Mancavano pochi giorni al Natale. It was only a few days before Christmas.

Willy e Blitzen partirono per il volo di controllo. Willy and Blitzen set off for the control flight.

Si erano persi, avevano volato un po' troppo lontano. They had gotten lost, flew a little too far.

Ai bambini non ci volle molto per riconoscere una renna volante di Babbo Natale. It didn't take the children long to recognize a flying reindeer from Santa Claus.

Quel campanello poteva essere un richiamo. That bell could be a call.

Si accorsero che era Babbo Natale a cavallo di Comet che era venuto a prenderli! They realized that it was Santa Claus riding Comet who had come to get them!

Anche Blitzen ebbe la sua parte di sgridate. Blitzen also had his share of scolding.

Willy, capita la lezione, ringraziò Babbo Natale. Willy, the lesson happens, thanked Santa Claus.

Giovane	young
toy factory	fabbrica di giocattoli
attenzione	careful
disastro	trouble
volo	flight
prendersi cura	to take care
sopra	above
via del ritorno	way back
stalla	stable
campana	bell

115. LA SCOPERTA DI BABBO NATALE 115. THE DISCOVERY OF SANTA CLAUS

Pinuccio era un bambino molto intelligente e furbo e non aveva mai creduto che Babbo Natale esistesse davvero: aveva più volte chiesto spiegazioni ai suoi genitori, perché gli sembrava davvero strano che un uomo vestito di rosso potesse scendere con una slitta trainata da renne volanti per portare regali ai bambini. Non soddisfatto della risposta aveva chiesto alle sue maestre, ma anche loro raccontarono la stessa storia.

Quando ebbe l'età per leggere speditamente decise di fare una ricerca più approfondita e scoprì che esisteva addirittura un villaggio di Babbo Natale, in Finlandia, aperto al pubblico e si poteva perfino incontrare questo babbo speciale in carne e ossa.

Sapeva ormai tutto, dall'origine del nome, alle varie tradizioni dei paesi, avrebbe potuto scriverci un libro, ma non era ancora soddisfatto, qualcosa gli sfuggiva, così, decide tra sé e sé che avrebbe atteso la notte di Natale per vederlo con i suoi occhi, e solo in quel momento avrebbe finalmente creduto a Babbo Natale.

Quella notte, la Vigilia di Natale, avrebbe finalmente incontrato in carne ed ossa Babbo Natale.

Dopo una bella cena con nonni e cugini tutti si congedarono e Pinuccio andò a dormire: la mamma lo salutò e gli disse di riposare bene perché il giorno successivo sarebbe stato il giorno di Natale. Quando le luci della casa si spensero, aspettò di sentir russare il babbo e con una torcia, un libro per non addormentarsi e una coperta andò in salotto: si nascose per bene dietro un pensile , dal quale poter vedere bene sia il camino che l'albero di Natale.

Ad un tratto sentì un rumore sopra la sua testa, sembrava uno scalpitare di cavalli e si disse che quello era il momento giusto. Rimase in attesa, mentre la stanza illuminata dalle lucine dell'albero faceva chiaramente vedere se Babbo Natale fosse entrato in casa. Sentì un gran trambusto proveniente dalla canna fumaria e poi silenzio...attese, attese ancora, finché non vide scendere dal camino dei brillantini dorati. Ancora silenzio, mentre il cuore batteva fortissimo per l'emozione e i suoi occhi incollati al camino aspettavano da un momento all'altro di vedere Babbo Natale.

Ad un tratto, sotto l'albero di Natale si materializzarono dei regali, pacchi, pacchetti, buste colorate. Cosa??? Come avevano fatto ad arrivare lì? Chi li aveva portati lì? Non era possibile. Dopo pochissimo si sentì di nuovo lo scalpitare delle renne sopra il tetto e fu allora che corse davanti al camino: c'erano solo tanti brillantini a terra e quei regali sbucati da chissà dove proprio sotto l'albero. Un profumo dolce lo colpì e capì che era successo qualcosa di inspiegabile. Inutile dire che non riuscì più a dormire quella notte, così si mise a cercare informazioni sulla possibile "invisibilità" di Babbo Natale. In un vecchio libro preso in prestito in biblioteca lesse che Babbo Natale quando entrava nelle case dei bambini attiva lo scudo Elf, lo scudo che lo rende invisibile: è stato inventato nel laboratorio di Babbo Natale e studiato apposta per non farsi vedere da nessuno.

Rassegnato, capì che doveva credere a quella magia che non poteva vedere, ma chiese ai suoi genitori di poter andare a trovare Babbo Natale direttamente a casa sua, a Rovaniemi, magari proprio l'anno successivo durante le vacanze natalizie.

Pinuccio was a very smart and clever child and he had never believed that Santa Claus really existed: he had asked his parents several times for explanations, because it seemed really strange to him that a man dressed in red could come down with a sleigh pulled by flying reindeer to bring presents to children. Not satisfied with the answer he had asked his teachers, but they told the same story.

When he was old enough to read quickly, he decided to do a more in-depth research and discovered that there was even a Santa Claus village in Finland, open to the public and you could even meet this special flesh and blood Santa.

He knew by now everything, from the origin of the name to the various traditions of the villages, he could have written a book about it, but he was still not satisfied, something was missing, so he decided between himself that he would wait until Christmas night to see it with his own eyes, and only at that moment he would finally believe in Santa Claus.

That night, on Christmas Eve, he would finally meet Santa Claus in the flesh.

After a nice dinner with grandparents and cousins all said goodbye and Pinuccio went to sleep: his mother greeted him and told him to rest well because the next day would be Christmas Day. When the lights of the house went out, he waited to hear his father snore and with a flashlight, a book not to fall asleep and a blanket he went into the living room: he hid well behind a wall unit, from which he could see both the fireplace and the Christmas tree.

Suddenly he heard a noise above his head, it sounded like horses pawing and it was said that this was the right time. He waited, while the room illuminated by the lights of the tree clearly showed whether Santa Claus had entered the house. He heard a great commotion coming from the chimney and then silence...he waited, he waited again, until he saw golden glitter coming down the chimney. Still silence, while his heart was beating very loud for the emotion and his eyes glued to the fireplace were waiting from one moment to the other to see Santa Claus.

Suddenly, under the Christmas tree materialized gifts, packages, packages, colored envelopes. What? How did they get there? Who had brought them there? It was not possible. After a very short time you could hear reindeer pawing over the roof again, and that's when they ran in front of the fireplace: there were only a lot of glitter on the ground and those presents came out from who knows where just under the tree. A sweet scent hit him and he realized that something inexplicable had happened. Needless to say, he could no longer sleep that night, so he started looking for information about the possible "invisibility" of Santa Claus. In an old book borrowed from the library he read that when Santa Claus entered the children's homes he activated the Elf shield, the shield that makes him invisible: it was invented in Santa's workshop and designed specifically not to be seen by anyone.

When he resigned, he understood that he had to believe in that magic he couldn't see, but he asked his parents to visit Santa Claus directly at his home, in Rovaniemi, maybe just the following year during the Christmas vacations.

Non aveva mai creduto che Babbo Natale esistesse davvero. He had never believed that Santa Claus really existed.

Decise di fare una ricerca più approfondita e scoprì che esisteva addirittura un villaggio di Babbo Natale in Finlandia. He decided to do a more in-depth research and discovered that there was even a Santa Claus village in Finland.

Avrebbe atteso la notte di Natale per vederlo con i suoi occhi. He would wait until Christmas night to see it with his own eyes.

Si nascose per bene dietro un pensile, dal quale poter vedere bene sia il camino che l'albero di Natale. He hid well behind a wall unit, from which he could see both the fireplace and the Christmas tree.

Vide scendere dal camino dei brillantini dorati. He saw golden glitter coming down the chimney.

Sotto l'albero di Natale si materializzarono dei regali, pacchi, pacchetti, buste colorate. Under the Christmas tree materialized gifts, packages, packages, colored envelopes.

Non riuscì più a dormire quella notte. He could no longer sleep that night.

Chiese ai suoi genitori di poter andare a trovare Babbo Natale direttamente a casa sua, a Rovaniemi. He asked his parents to visit Santa Claus directly at his home, in Rovaniemi.

Intelligente	clever
credere	to believed
speiegazioni	explanations
in carne e ossa	in the flesh
non soddisfatto	not satisfied
scoprire	to discover
scudo	shield
visitare	to visit
profumo dolce	sweet scent
esistere	to exist

Made in the USA
Las Vegas, NV
13 October 2021